CAPITAINE PASSOLS

L'ALGÉRIE

ET L'ASSIMILATION
DES INDIGÈNES MUSULMANS

ÉTUDE

SUR

L'Utilisation des ressources militaires de l'Algérie

PARIS

HENRI CHARLES-LAVAUZELLE

Éditeur militaire

10, Rue Danton, Boulevard Saint-Germain, 118

(MÊME MAISON A LIMOGES)

L'ALGÉRIE

ET

L'ASSIMILATION DES INDIGÈNES MUSULMANS

CAPITAINE PASSOLS

L'ALGÉRIE

ET L'ASSIMILATION DES INDIGÈNES MUSULMANS

ÉTUDE

SUR

L'Utilisation des ressources militaires de l'Algérie

PARIS

HENRI CHARLES-LAVAUZELLE

Éditeur militaire

10, Rue Danton, Boulevard Saint-Germain, 118

(MÊME MAISON A LIMOGES)

AVANT-PROPOS

Au moment où le parlement est saisi du grave problème de la réduction du service militaire, il nous a paru intéressant de signaler comme une des plus importantes mesures préparatoires que le gouvernement a déclaré nécessaires de prendre en prévision de l'adoption possible du service de deux ans, celle relative à l'application de la conscription aux indigènes algériens, qui fournirait à l'armée française, sans de trop grandes dépenses, un appoint de 150.000 soldats combattants incomparables, dont 30.000 pour l'armée active et 120.000 pour les réserves.

L'idée d'appliquer la conscription aux indigènes algériens n'est pas nouvelle; elle est presque aussi ancienne que la conquête.

Déjà en 1845 le général Mollière écrivait :

« Dans la disposition belliqueuse qui est le trait le plus marqué du peuple algérien, dans l'état de sauvage énergie où il se maintiendra encore pendant de longues années, le recrutement y est pour ainsi dire sans limites. On y lèverait facilement, dès qu'on le voudra, un soldat sur 15 ou 20 âmes. C'est-à-dire qu'il est possible d'y mettre presque en un instant debout en armes, 200.000 à 300.000 hommes. L'Algérie nous offre donc, ce que dans leur jeunesse les Gaulois ont fourni à Rome. Quand le jour sera venu, qui n'est pas loin si l'on veut, où il dépendra de la France de faire précéder ses armées de ligne de ces partisans, les plus formidables qu'il y ait dans le monde; quand il suffira d'un acte de sa volonté pour verser devant elle cette vague furieuse, qui pourra dire que nous sommes sans alliés et quelle nation n'y penserait pas très longtemps avant d'affronter la France ? »

A 57 ans de distance, ces lignes sont encore toutes d'actualité.

Depuis, le parlement a été saisi de projets de loi ayant pour but d'accorder la nationalité française, avec toutes ses obligations, à tous les musulmans d'Algérie; mais cette solution, trop radicale et pleine d'aléas, n'est même jamais, que nous sachions, venue en discussion devant cette haute assemblée.

Il faut remonter à l'année 1900 pour trouver dans le remarquable mémoire du capitaine Boucherie : *Augmentation des forces militaires de la France*, un travail consciencieux sur l'organisation d'un contingent annuel indigène algérien.

Enfin, le général André, ministre de la guerre, par sa lettre du 22 juin 1901, mettait à l'étude l'application de la conscription aux indigènes algériens et l'organisation des réserves indigènes.

Nous ignorons le résultat de ces études, mais comme aucune solution n'est intervenue depuis, nous en concluons qu'il n'a pas été favorable aux questions posées par le Ministre.

Quoi qu'il en soit, les intérêts vitaux de la France et de l'Algérie étant en jeu, nous allons essayer de dégager cette question si complexe de la conscription des indigènes et chercher à démontrer qu'elle peut être résolue sans grandes difficultés et sans exposer l'Algérie à un soulèvement.

Nous le ferons en ne prenant pour guide que l'intérêt supérieur de la patrie et le bien-être des populations de notre belle colonie, françaises et indigènes, n'ayant d'autre ambition, dans ce modeste travail, que d'être utile au pays.

L'ALGÉRIE

ET

L'ASSIMILATION DES INDIGÈNES MUSULMANS

CHAPITRE Ier

CONSIDÉRATIONS GÉNÉRALES

En imposant aux indigènes algériens le service militaire obligatoire, nous leur devons une compensation, c'est-à-dire la concession de certains avantages matériels et moraux.

Ces avantages que l'équité la plus élémentaire commande, en retour des sacrifices exigés, doivent être calculés avec une prudente mesure, si l'on ne veut s'exposer à commettre de graves erreurs dont les conséquences pourraient être incalculables.

La question du service militaire obligatoire des indigènes est très complexe. Elle touche à l'existence même d'un peuple réfractaire en principe à toute innovation; elle est destinée à avoir une influence reflexe considérable sur les mœurs et coutumes des indigènes et à devenir insensiblement le meilleur moyen d'assimilation de cette race. Elle intéresse au plus haut point la colonie dont la prospérité ira grandissant, au fur et à mesure de l'entrée en scène de l'élément indigène jusqu'ici à peu près abandonné à son propre sort.

Il importe donc, avant de déterminer les avantages que nous pouvons lui offrir sans de graves inconvénients, d'examiner la situation générale de la population de l'Algérie, l'état matériel et moral des indigènes musulmans, leurs croyances religieuses et leurs mœurs, les tentatives de rapprochement qui ont été faites, leur avortement, les moyens propres à le préparer. Nous indiquerons ensuite la valeur des troupes indigènes, les conditions dans lesquelles les indigènes ont servi jusqu'à ce jour. Nous exposerons plus loin les ressources militaires qu'on peut en tirer, nous en déduirons dans quelle proportion et avec quels tempéraments le service militaire obligatoire pourrait leur être imposé, la nouvelle organisation qui en résulterait, et nous terminerons par l'évaluation approximative des dépenses que cette mesure entraînerait.

Situation de l'Algérie au point de vue ethnographique.

Pour se rendre un compte exact de la situation particulière de l'Algérie qu'on a voulu considérer à tort, selon nous, comme un prolongement de la France et lui donner une organisation semblable à la métropole, un peu de statistique est nécessaire.

L'Algérie, d'après le dernier dénombrement (1901), est peuplée par :

1º Français d'origine, nés en France ou en Algérie..	286.997
2º Etrangers naturalisés.	71.048
3º Israélites naturalisés par le décret du 24 octobre 1870, ou nés de parents naturalisés......................	57.044
4º Sujets français (arabes, kabyles, M'Zabites, juifs du M'Zab, nègres).............................	4.065.367
5º Etrangers :	
1º Tunisiens.	2.290
2º Marocains.	23.381
3º Nationalités diverses.	216.873
6º Population comptée à part, conformément à l'article 2 du décret du 20 janvier 1901......................	16.331
Total de la population............	4.739.331

Dans la province d'Oran, presque tous les naturalisés français sont d'origine espagnole et dans la province de Constantine, d'origine italienne ou maltaise, et, malgré le sang latin qui coule dans leurs veines, ces néo-français n'en conservent pas moins les mœurs et coutumes de leurs ancêtres et ne se confondent guère avec l'élément français d'origine. On remarquera sans peine par l'examen du tableau ci-dessus que l'Algérie est une vraie mosaïque de races et de nationalités différentes juxtaposées, ayant des aspirations et des affinités distinctives qui sont une entrave à la fusion dans le grand creuset de l'assimilation à la race française.

Si, parmi ces populations hétérogènes, quelques-unes et notamment l'élément européen est facilement assimilable, d'autres, et en particulier les indigènes musulmans, se sont montrés jusqu'à ce jour absolument réfractaires à notre civilisation.

Pouvait-il en être autrement d'un peuple régi par une loi théocratique (le Coran), ce code civil, politique et religieux qui règle leurs moindres actions et en lequel ils ont une foi inébranlable, une foi aveugle de croyant et de pratiquant, dont nous ne trouvons aucun exemple dans notre civilisation moderne?

Avec lui aucun progrès n'est possible, car, en raison de l'essence divine que lui attribuent ses sectateurs, on ne peut sortir des préceptes formulés par Mohammed sans fauter envers Allah (Dieu).

Il faut reconnaître qu'à l'époque où Mohammed a écrit ses surates, les Arabes étaient plongés dans l'idolâtrie et dans une barbarie profonde.

C'était pour ce peuple un progrès immense au point de vue moral et humanitaire.

Polygamie.

En conservant aux Arabes la polygamie qui a existé de tout temps chez les Orientaux, Mohammed la régularisait.

Le Coran fut à cette époque un bienfait pour la femme arabe qui jusque-là était traitée sans aucun frein, comme cela se passe, même de nos jours, dans l'Inde et en Chine. Si la femme arabe est considérée encore par son mari comme un être inférieur, la loi musulmane lui accorde des droits, hélas! souvent éludés dans la pratique, dont ne jouit pas la femme française, tels que la capacité de disposer de sa dot et de ses biens personnels sans le consentement de son mari.

Nous ne nous attarderons pas à disserter sur la supériorité morale de la religion chrétienne, qui défend la polygamie, sur la religion mahométane, qui l'admet. Il nous sera pourtant permis de faire remarquer qu'en fait, et nonobstant les préceptes de notre religion, elle existe malheureusement trop souvent dans notre société, de sorte qu'entre la polygamie avouée des musulmans et la polygamie cachée des chrétiens, il n'y a de différence que dans la légalité de l'une et l'illégalité de l'autre.

Nous n'en retiendrons que ceci, c'est que dans les pays, où la polygamie est admise légalement, la natalité en est augmentée dans de grandes proportions, ce qui est à considérer dans l'étude des forces militaires d'un pays aussi peu prolifique que la France.

Au surplus, tous les musulmans ne sont pas polygames; sans compter les Kabyles, qui sont presque tous monogames, nombreux encore sont ceux qui restent célibataires toute leur vie, faute de n'avoir jamais possédé les ressources nécessaires pour contracter mariage. Bien que le Coran ait fixé à un quart de dinar en or (valeur 6 fr. 60) le minimum de la dot nuptiale, peu de musulmans trouvent une femme à ce prix, qui est, dans la pratique, considérablement grossi par le cadeau au beau-père, l'achat du trousseau à la fiancée et le repas des noces.

Moyens essayés jusqu'à ce jour en vue de l'assimilation des indigènes musulmans.

Quelques esprits supérieurs avaient pensé qu'il serait possible de convertir les musulmans au christianisme, cette grande religion de charité et d'amour, mais l'expérience a prouvé que c'était peine perdue que de s'obstiner à les évangéliser.

Quand la grande figure du cardinal Lavigerie, qui y a consacré tout son génie et toute son âme, a échoué dans cette noble entreprise, qui oserait encore tenter la réalisation de ce rêve ?

N'a-t-on pas vu les enfants recueillis par le cardinal pendant la grande famine de 1867 élevés par ses soins paternels dans la religion chrétienne, revenir, dès qu'ils atteignaient l'âge de raison, poussés par un mystérieux instinct atavique, à la religion de leurs pères ?

De sorte qu'aujourd'hui on peut dire, sans exagération, qu'il n'existe en Algérie pas plus de musulmans convertis au christianisme M'tournis, que de chrétiens convertis à l'islamisme.

Cette religion est tellement bien appropriée à l'homme vivant sous les tropiques qu'elle exerce une puissante attraction sur les cerveaux, même les mieux doués.

Voilà pourquoi le musulman est si profondément attaché au Coran, à telle enseigne que sa religion, qui compte plus de cent millions d'adeptes, est une des plus répandues sur la surface du globe terrestre et qu'elle fait encore tous les jours, en Afrique et surtout en Asie, de nombreux prosélytes.

Le Coran.

C'est le Coran qui est et sera encore pendant des siècles le plus sérieux obstacle à l'assimilation de cette race.

De très grands esprits ont pensé aussi qu'il serait possible de moraliser ce peuple en le rappelant à la saine application des préceptes mêmes du Coran.

Ce livre merveilleux qu'a écrit Mohammed, en s'inspirant du judaïsme et du christianisme (ancien et nouveau testament), contient en effet d'admirables textes de morale, comme d'ailleurs tous les livres des fondateurs de religion.

Malheureusement, à côté de ces libérales paroles du Coran : « Ne faites pas violence aux hommes, à cause de leur foi ! », nous lisons dans le chapitre qui a pour titre : El Djihad (la guerre sainte), ces sauvages principes qui ont lancé les Arabes à la conquête du monde :

« Combattez dans la voie de Dieu contre tous ceux qui vous feront la guerre. Mais ne commettez pas d'injustice en les attaquant les premiers, car Dieu n'aime pas les injustes.

» Tuez-les partout où vous les trouverez et chassez-les d'où ils vous ont chassés. La tentative de l'idolâtrie est pire que le carnage à la guerre.

» Combattez-les jusqu'à ce que vous n'ayez plus à craindre la tentation et que tout culte soit celui du Dieu unique. S'ils mettent un terme à leurs actions, alors plus d'hostilités, si ce n'est contre les méchants. »

Enfin Mohammed, comme prophète, se décerna l'infaillibilité qu'il traduit ainsi dans un verset du Coran :

« Toute loi nouvelle est une innovation, toute innovation est un égarement, et tout égarement conduit au feu éternel. »

De nombreux commentateurs du Coran ont souvent modifié, en l'accentuant ou en l'adoucissant, suivant les circonstances, les intérêts du moment et les lieux, la doctrine du prophète.

C'est ainsi que Abi-Saïd, commentant le chapitre « El Djihad » du Coran, a écrit :

« Soumettez-vous à toute puissance qui aura pour elle la force, car la manifestation de la volonté de Dieu, sur terre, c'est la force. »

Les Arabes et les peuples soumis à l'Islam, en particulier les Berbères ou Kabyles, tout en acceptant les pratiques de la religion musulmane, ont conservé leurs anciennes mœurs et coutumes barbares.

De cet amalgame, il est résulté que le musulman, en dépit des préceptes du Coran, est resté comme avant l'Hégire, fataliste, menteur, fourbe, luxurieux, voleur et cruel

Il y a tout lieu de croire que ce moyen ne changerait pas beaucoup sa manière d'être, et que c'est en dehors de toute idée religieuse que nous devons lui apprendre le respect de nos lois et de nos institutions et lui infuser les principes régénérateurs de notre morale civique.

Degré d'avancement de l'assimilation des indigènes.

Voilà 72 ans que nous avons mis le pied sur le sol de l'Algérie et nous ne sommes guère plus avancés aujourd'hui qu'au premier jour de la conquête pour l'assimilation des indigènes musulmans. Les méthodes employées jusqu'à ce jour n'ont donné que des résultats négatifs.

Est-ce à dire que tous les moyens propres à fondre cette race dans l'élément français aient été employés? Nous ne le pensons pas.

Quelle que soit la mentalité de ce peuple, il ne restera pas indifférent aux efforts que nous ferons pour l'élever à notre niveau si, au lieu de l'exploiter, nous ouvrons nos rangs aux plus dignes, surtout à ceux qui auront servi avec honneur à l'ombre du drapeau.

Il y a quatre manières principales de coloniser un pays :

La première, comme à Athènes, dans l'ancienne Grèce, et dans la plupart des peuples de l'antiquité, en réduisant à l'esclavage le peuple vaincu;

La deuxième, comme Charlemagne en Germanie, en ne laissant d'autre alternative aux vaincus que l'acceptation de la religion chrétienne ou la mort;

La troisième, comme les Yankees, en Amérique, en détruisant la race autochtone, sous prétexte de race inférieure;

Enfin, la quatrième, que je nommerai française, qui, s'inspirant des immortels principes humanitaires de la déclaration des Droits de l'homme, cherche à s'assimiler les peuples vaincus en respectant les croyances religieuses, les personnes et les biens, en les instruisant, les civilisant et les utilisant selon leurs aptitudes.

Les trois premières méthodes que j'appellerai barbares ne peuvent être employées de nos jours sans faillir à la grande loi de l'humanité; la quatrième seule réussira à la longue, si elle est appliquée avec une prudente progression.

De la faculté d'assimilation des deux grandes familles musulmanes de l'Algérie (Berbères ou Kabyles) et Arabes.

1° *Berbères ou Kabyles.*

La région de l'Afrique septentrionale qui s'étend de la mer des Syrtes (golfe de la Sidre) jusqu'à l'Océan Atlantique, appelée Maghreb (pays de l'Occident) par les Arabes, fut peuplée, si nous en croyons les auteurs anciens, notamment Hérodote et Strabon, dès la plus haute antiquité par les Lybiens ou Berbères, peuple venu de l'Asie.

Successivement ce sol a été foulé, avant nous, par les Phéniciens, peuple de marchands qui n'occupèrent guère que le rivage où ils fondèrent des cités florissantes, les Hellènes, les Romains, qui firent de l'Algérie et de la Tunisie une de leurs colonies les plus prospères et les plus florissantes, — les imposantes ruines de la civilisation romaine couvrent encore de nos jours toute l'Afrique du Nord, — les Vandales, les Byzantins, les Arabes, les Turcs, sans compter les Juifs, qui, à deux époques différentes de l'histoire, y ont cherché un refuge, après avoir été arrachés violemment de la Palestine par Ptolémée Soter, après la mort d'Alexandre le Grand, et de l'Espagne par Ferdinand et Isabelle.

Grâce à la situation topographique du Maghreb, hérissé de montagnes et dépourvu de ces grandes artères fluviales qui ont été dans tous les temps le chemin de toutes les civilisations, ce peuple a conservé, à travers toutes les invasions dont le Maghreb a été le théâtre, sa physionomie primitive. En se cramponnant à ses rochers avec l'énergie du désespoir, il a jusqu'à ce jour conservé son indépendance.

S'il a accepté la religion musulmane qui s'adaptait à ses anciennes mœurs, il n'a jamais été soumis aux Arabes, qu'il a au contraire dominés de 1070 à 1500, ni aux Turcs.

Il appartenait à la France de pénétrer au milieu de cette fière et robuste population de la Kabylie, et de lui apporter les bienfaits de la civilisation.

Des deux grandes familles musulmanes qui peuplent l'Algérie, la famille Berbère ou Kabyle, monogame, sédentaire et laborieuse, nous paraît être de beaucoup la plus facilement assimilable.

Nous extrayons de l'ouvrage : *La Kabylie et les coutumes kabyles*, par Hanoteau, l'appréciation suivante :

« Nous n'en sommes pas moins convaincus que, de toute l'Algérie, les populations du Djurdjura (Grande-Kabylie) sont celles qui se rapprocheront de nous le plus facilement, mais ce sera par des motifs tout à fait étrangers à l'idée religieuse, c'est-à-dire par les intérêts matériels. Ces populations sont avares, le sol qu'elles habitent ne peut les nourrir et elles sont obligées de demander leurs moyens d'existence au commerce et à l'industrie. Mieux que tout autre gouvernement, nous pouvons leur assurer la sécurité des routes et les initier à nos procédés industriels, à nos arts mécaniques, pour lesquels elles ont une aptitude très remarquable. Une fois cette voie ouverte, le rapprochement se fera de lui-même par le mélange des intérêts. »

Telle est aussi notre conviction.

Lestes, sobres, vigoureux et braves, ils possèdent au suprême degré les aptitudes militaires pour fournir d'excellents fantassins. Ce sont eux, du reste, qui forment le fond de nos beaux régiments de tirailleurs.

2° *Arabes.*

La famille arabe polygame, nomade, paresseuse et fanatique, vivant sous la tente de la vie contemplative, au milieu des horizons immenses, où sa vive imagination se donne libre carrière, sera plus difficilement assimilable.

Mais aujourd'hui que nous occupons le Sahara, par où elle aurait pu chercher à échapper à notre domination, on peut espérer, dans un avenir plus ou moins éloigné, la fixer au sol et lui inculquer petit à petit, avec l'instruction, nos principes moraux.

Au point de vue des aptitudes militaires, ils ne le cèdent en rien aux Kabyles. Particulièrement habitués au cheval, dès leur enfance, ils deviennent rapidement de hardis et intrépides cavaliers. Leur place est toute indiquée dans nos magnifiques régiments de spahis.

Le service militaire obligatoire sera le meilleur moyen d'assimilation des indigènes.

Dans une colonie comme l'Algérie, qui, sur 4.739.331 habitants, ne compte seulement que 286.997 Français d'origine et 4.065.367 indigènes musulmans, dont la natalité s'affirme dans des proportions considérables (7,4 p. 100), soit une augmentation de 300.887 en cinq ans, ou plus de 60.000 âmes par an, il ne faut pas se bercer de l'illusion d'absorber cette race qui vit et vivra encore pendant longtemps de son existence propre sans se fondre avec l'élément européen.

Mais déduire de la situation présente que les indigènes musulmans sont irréductibles et que nous ne parviendrons jamais à les assimiler est une erreur aussi grossière que celle de croire qu'il suffirait de leur octroyer le droit commun pour les assimiler instantanément.

Il existe entre la civilisation musulmane et la civilisation française un *fossé* immense. En attendant que le temps, ce grand niveleur de la nature, ait fait son œuvre pour le combler, un devoir s'impose au peuple conquérant, c'est celui de hâter cette transformation.

Pour cela, il faut pénétrer dans ses retranchements et l'attirer à nous, en établissant sur ce fossé de larges ponts qui en facilitent l'accès.

Ce sera par des relations de tous les instants, amenant avec la communauté d'intérêts la confiance réciproque, que s'opérera finalement la fusion des races, dans un avenir d'autant moins éloigné que les mesures prises seront mieux appropriées.

Ce jour-là sera arrivé quand nous verrons l'Européen se marier avec la fille de l'indigène.

Parmi les moyens employés pour obtenir un pareil résultat, nous avons vu que celui qui aurait résolu le problème, la conversion des Arabes au christianisme, a complètement échoué, et qu'il est aujourd'hui notoirement démontré que les musulmans sont inconvertissables.

Mais il y a, selon nous, un moyen qui réussira sûrement, c'est celui qui, faisant abstraction de toute idée religieuse et tout en leur conservant leur statut personnel, les soumettra au service militaire obligatoire.

Nous les forcerons ainsi à venir à nous, à apprendre à nous connaître et à nous apprécier à cette grande école du devoir qu'est l'armée.

Esprits simplistes, ils ne tarderont pas à se rendre compte que nous ne sommes pas, comme la tradition et les marabouts leur ont enseigné dès leur enfance, des ennemis implacables de l'Islam et que nous savons respecter leurs croyances religieuses.

Ils se familiariseront vite avec nos mœurs et nos institutions et s'ils y prennent ce qu'elles ont de pernicieux, ils comprendront aussi leurs bienfaits et y participeront.

Pleins d'estime pour leurs chefs et particulièrement pour les officiers, dont ils savent si bien apprécier les qualités, ils emporteront dans leur douar un excellent souvenir de leur passage au régiment. En communiquant leurs impressions aux autres membres de la tribu, ils arriveront progressivement à déraciner leurs préjugés séculaires.

Ainsi s'effacera graduellement la haine du roumi et se fera le rapprochement.

Avantages que nous pouvons offrir, sans graves inconvénients, aux indigènes, en retour de l'obligation du service militaire.

Si ce peuple n'était pas séparé de notre civilisation par un abîme immense, on pourrait l'appeler à la participation de la vie publique, et lui accorder en retour de l'obligation du service militaire la grande naturalisation qui en ferait des citoyens français.

Malheureusement, ces populations sont en retard de plusieurs siècles sur la civilisation européenne. Malgré l'éclat dont a brillé la civilisation arabe au moyen âge, particulièrement sous les Almohades, en Espagne, qui les plaçait à cette époque à la tête de la civilisation du monde, dans les lettres, les sciences et les arts (les noms de Rhazès, Avicenne, Averroès sont là pour en témoigner), les Arabes, et en particulier ceux de l'Algérie, sont restés figés dans les mœurs, les coutumes et les superstitions d'un autre âge. Au lieu d'avancer, ils ont reculé depuis le Prophète, et comme le dit si judicieusement le capitaine Boucherie, dans son mémoire : *Augmentation des forces militaires de la France :* « Mohammed reviendrait sur la terre que dans le dernier douar de l'Algérie il retrouverait ses adeptes de la première heure, — dont nos sujets nomades algériens sont du reste les descendants directs, — avec leur foi aussi intolérante que profonde. »

Il y a donc des tempéraments à observer à leur égard. S'il est équitable de leur octroyer certains droits, il n'est pas moins indispensable de le faire avec une prudente mesure, et, tout en cherchant à les élever jusqu'à nous, de prendre de sérieuses garanties.

1° Avantages moraux.

Naturalisation au 1ᵉʳ degré, réduite aux droits civils.

On sait que le Sénatus-Consulte du 14 juillet 1865 permet aux indigènes d'acquérir, sur leur demande et sous certaines conditions de moralité, la grande naturalisation.

Mais comme la naturalisation leur enlève certains droits conférés par la loi coranique, notamment la polygamie, il se sont montrés rebelles à la faveur que nous pensions leur faire, et qui en somme les lésait dans leurs coutumes et leurs croyances religieuses. Aussi très peu sont venus à nous (1.151) de 1865 à 1900 inclus (1), soit une moyenne annuelle de 31 naturalisés; en 1900, 20 seulement, et ceux-là, c'étaient gé-

____

(1) Procès-verbaux des délibérations du Conseil supérieur de l'Algérie (année 1900).

néralement des fonctionnaires qui ne pouvaient occuper leur emploi qu'à cette condition.

On en a conclu que les indigènes ne voulaient pas de la naturalisation.

Ceci est vrai quant à la grande naturalisation, mais cesserait de l'être du jour où, tout en leur conservant leur statut personnel, nous leur conférerions une naturalisation au premier degré, réduite aux droits civils.

Dès lors, ils posséderaient des droits qui les mettraient, quant à leurs intérêts particuliers, de pair avec les colons français et naturalisés, sauf en ce qui concerne les droits politiques.

Pour ces derniers, ils ne sont pas encore préparés à les exercer. Ce serait, en outre, une faute irréparable que de les leur accorder.

Les violentes polémiques qu'ont soulevées le décret du 24 octobre 1870, naturalisant en masse les indigènes israélites, et la loi du 26 juin 1889, accordant la nationalité française aux Européens d'origine étrangère nés en Algérie et y résidant, à la condition de ne pas décliner la qualité de Français dans l'année qui suit leur majorité et de satisfaire aux obligations du service militaire dans la colonie, sont trop récentes, pour nous montrer la gravité de la situation que nous nous créerions bénévolement en Algérie.

Ainsi, nous concluons qu'il est possible, sans grands inconvénients, d'accorder aux seuls indigènes qui auront satisfait à la loi de recrutement, en servant pendant trois ans sans prime d'engagement, la naturalisation au premier degré réduite aux droits civils, tout en leur conservant leur statut personnel, qui leur permettra de se prévaloir de la loi musulmane vis-à-vis de leurs coreligionnaires.

Quant à la grande naturalisation, elle serait accordée, sur leur demande, à tous ceux bénéficiant déjà de la naturalisation réduite, à la condition expresse de renoncer à leur statut personnel et de contracter mariage conformément à la législation française.

2° Avantages matériels.

a) Dans l'armée.

D'après la législation en vigueur, les indigènes non naturalisés ne peuvent dépasser le grade de capitaine.

Nous pensons qu'il serait équitable d'ouvrir de plus larges horizons à ceux ayant obtenu la naturalisation réduite, et de décider que, pour ceux-là seulement, tous les grades de la hiérarchie militaire leur seraient accessibles, suivant leurs aptitudes et leurs services.

b) Dans les différentes administrations.

Le tableau annexé au décret impérial du 21 avril 1866 détermine les emplois civils que peuvent obtenir les indigènes non naturalisés.

Il importe que ces emplois soient, à l'avenir, exclusivement réservés aux indigènes ayant satisfait à la loi de recrutement. A cet effet, un article de cette loi devra spécifier qu'à partir de la quatrième année qui suivra sa promulgation, aucun indigène n'ayant pas accompli les trois années de service sans prime qui y sont prévues ou n'ayant pas été dispensé, ne pourra obtenir aucun des emplois civils rétribués sur les fonds de l'Etat, des départements, des communes et des administrations subventionnées par l'Etat.

Un décret rendu sous forme de règlement d'administration publique déterminera les emplois civils qui leur seront réservés dans la proportion de 1/3 des vacances.

Nous attachons à cette prescription une importance capitale. Elle servira, mieux que les plus beaux discours, à démontrer aux indigènes l'intérêt que nous portons à ceux qui auront payé leur dette à la patrie.

Strictement appliquée, elle aura raison de la sourde hostilité que feront à l'encontre de cette loi les familles indigènes notables ou seulement aisées, qui chercheront à éluder le service militaire par la voie du remplacement dont nous nous occuperons plus loin. Elles se rendront vite compte que les fonctions dont elles ont presque le monopole leur échapperont, si elles ne donnent pas elles-mêmes l'exemple, en envoyant leurs enfants servir à l'ombre de notre glorieux drapeau.

Il y aurait un double intérêt et pour la France et pour les fils des familles indigènes influentes, qu'ils ne cherchent pas à se soustraire aux obligations du service militaire. Ils donneraient ainsi aux fellahs, eux, les favorisés de la fortune, l'exemple de la soumission aux lois françaises et fourniraient ensuite de précieux éléments pour le cadre des officiers indigènes qui, sous le rapport de l'instruction générale, laissent beaucoup à désirer. On connaît la répugnance des indigènes aisés pour servir dans l'infanterie. Comme la noblesse française d'autrefois, ils serviraient tout au plus dans la cavalerie, s'ils avaient dans l'armée française, comme sous la tente ou dans le gourbi, des domestiques pour panser leur cheval, seller et brider leur monture, car l'Arabe croirait déchoir en s'occupant de ces détails, que les moins fortunés d'entre eux font exécuter par leurs femmes.

Néanmoins, quelques fils des Arabes de grande tente servaient volontiers, autrefois, dans les smalas de spahis.

et il serait facile de leur donner satisfaction en leur ouvrant largement les rangs de ces beaux régiments.

Quoi qu'il en soit, il est indispensable de leur appliquer ces prescriptions dans toute leur intégralité; tant pis pour ceux qui ne voudront pas s'y soumettre, ils en seront les premiers victimes.

Enfin, on peut se demander, s'il ne serait pas nécessaire de nous inspirer des moyens en usage sous la domination turque et consistant à exempter d'impôts les tribus mahzen, c'est-à-dire celles que les beys appelaient sous les armes pour étouffer les révoltes et imposer leurs volontés aux autres tribus.

Nous ne pensons pas qu'il soit utile de leur faire tant de libéralités, d'autant plus que nous leur conservons leur statut personnel et que deux des principaux impôts payés par les indigènes (le zekkat et l'achour) sont d'institution religieuse et se perçoivent sans difficultés.

Il convient, en outre, de ne toucher qu'avec une extrême prudence aux institutions séculaires des indigènes; telles mesures qui seraient un bienfait pour les Français peuvent, au contraire, comme nous allons en citer un exemple, appliquées aux indigènes musulmans, leur devenir funestes :

Le Sénatus-Consulte du 22 avril 1863, déclarant les tribus de l'Algérie propriétaires des territoires dont elles avaient la jouissance permanente et traditionnelle, à quelque titre que ce soit, et prescrivant la délimitation des territoires des tribus et leur répartition entre les différents douars de chaque tribu du Tell et des autres pays de culture, fut certainement une mesure de haute sagesse gouvernementale, qui assura aux indigènes la possession collective des terres dont ils avaient la jouissance depuis l'invasion arabe.

L'article 3 de ce grand acte prévoyait l'établissement

de la propriété individuelle entre les membres des douars partout où cette mesure serait reconnue possible et opportune.

La loi du 26 juillet 1873 (1), en prescrivant la constitution de la propriété individuelle, dans les tribus du Tell, la délivrance aux indigènes de titres de propriété et en la rendant aliénable conformément aux règles du droit civil français, paraissait, en effet, une mesure juste et avantageuse pour l'indigène qui, d'usufruitier indivis de son terrain, en devenait tout à coup le propriétaire.

Qu'est-il arrivé? L'indigène, ce grand enfant fataliste et imprévoyant, qui jusque-là vivait tant bien que mal des produits du sol, devenu propriétaire d'un lopin de terre et pouvant en disposer n'a vu là qu'un moyen d'avoir de l'argent. Dès que le besoin s'est fait sentir, il a, son titre de propriétaire en main, emprunté, à un taux plus ou moins usuraire, de l'argent qui a été hypothéqué sur sa propriété. Il n'a pas payé les intérêts qui se sont accumulés, et peu de temps après, ne pouvant rembourser ni capital ni intérêts, il a été exproprié et dépossédé.

Généralement, il ne quitte pas son ancienne propriété que le nouveau possesseur est souvent heureux, faute de pouvoir l'exploiter lui-même, de louer à ce même indigène, qui d'ancien propriétaire du sol n'en est plus que le khammès (fermier).

---

(1) Cette loi a été abrogée par celle du 16 février 1897 sur la propriété foncière en Algérie. Cette dernière et l'avis du Conseil d'Etat du 13 mars 1902 permettent les transactions non-seulement des terrains *melk* (propriété privée) des indigènes avec les Européens, mais encore des terrains *arch* ou *sabega* (propriété collective).

Ceci se passe journellement en Algérie et montre avec quelle prudence il faut procéder à l'égard des indigènes, les meilleures mesures inspirées par notre droit public pouvant leur être nuisibles.

CHAPITRE II

APTITUDE GUERRIÈRE DES INDIGÈNES MUSULMANS

Nous avons dit plus haut qu'il fallait utiliser les aptitudes particulières des indigènes.

Il convient donc de les indiquer :

L'Arabe est pasteur, le Berbère ou Kabyle agriculteur, le M'Zabite commerçant, le nègre peut être employé à toutes les besognes.

Mais l'aptitude que toutes ces populations possèdent à un égal et suprême degré, c'est l'aptitude guerrière.

L'indigène musulman qui passe sous les drapeaux devient un soldat incomparable. Ce sont les conditions mêmes de son existence qui le préparent naturellement à ce rôle.

Nous empruntons au remarquable ouvrage du capitaine Villot, des affaires indigènes : *Mœurs, coutumes et institutions des indigènes de l'Algérie*, la description suivante :

« Les Arabes sont habitués, dès l'enfance, à une sobriété extrême. Les bergers (ils le sont tous à partir de l'âge de 7 ans) ne vivent que de galettes d'orge grossièrement fabriquées. A ce maigre repas, ils ajoutent quelquefois des figues sèches ou des dattes ; l'eau de la fontaine suffit à les désaltérer.

» Au printemps, ils joignent à leur maigre ordinaire un peu de laitage.

» Ils s'habituent à supporter le froid, le chaud, la pluie, la neige, ils s'identifient avec la nature, leurs muscles sont d'acier, leur teint bronzé, leur tempérament apte à supporter toutes les fatigues, toutes les privations. »

Nous ajouterons qu'à de rares exceptions près, ce tableau peut s'appliquer à tous les indigènes musulmans de l'Algérie.

A un pareil traitement, les enfants faibles ne peuvent évidemment résister et meurent, de sorte qu'il se produit une sélection naturelle. Mais ceux qui survivent, toujours nombreux, en raison de la polygamie et de la prolificité de cette race, sont des hommes physiquement fortement trempés.

Dès la plus tendre enfance, ils grimpent sur les chevaux en état de liberté, et, arrivés à l'âge d'homme, ils sont tous de solides cavaliers. Tout Arabe sachant naturellement monter solidement à cheval, ils ne comprennent pas les distinctions que nous faisons entre un bon et un mauvais cavalier.

Les indigènes musulmans s'enivrent à l'odeur de la poudre.

Méprisant la vie, ils se jettent sur l'ennemi avec l'élan de la panthère, semant la terreur et la mort dans ses rangs. Instruits et disciplinés par nos excellents cadres d'officiers et sous-officiers de tirailleurs et de spahis, ils constituent une troupe de choc irrésistible, pouvant, au moment décisif, surmonter les plus grands obstacles et assurer la victoire. Nous reviendrons plus loin sur le rôle qui devrait, selon nous, leur être assigné en campagne.

Aperçu historique de l'organisation des troupes indigènes.

Après les premières hésitations qui suivirent la prise d'Alger, on s'aperçut bientôt que, pour faire la conquête du pays, il ne fallait pas suivre les errements des Espagnols, qui n'avaient jamais pu s'y implanter, faute de savoir tirer parti des divisions et des rivalités entre les tribus, et se servir des indigènes eux-mêmes pour le conquérir. Aussi leurs établissements d'Oran, du Peñon, d'Alger et de Bougie, ne rayonnant pas à l'intérieur, ils en furent finalement chassés après avoir subi plusieurs désastres, dont le plus retentissant fut celui éprouvé par l'Empereur Charles-Quint, venu en personne attaquer Alger, à la tête d'une immense flotte et d'une puissante armée.

Il apparut alors aux yeux les moins clairvoyants qu'il était de toute nécessité d'imiter les procédés employés par les Turcs pour soumettre le pays.

Ces derniers, en effet, avec moins de 2.000 (1) hommes de milice recrutés en grande partie sur les côtes de l'Epire, de la Thrace et de la Macédoine, ou provenant de Koulouglis (fils de Turcs et de femmes indigènes), et secondés par environ 18.000 cavaliers, fournis par les tribus makhzen, exemptés d'impôt, régnaient sans conteste sur le pays, percevaient l'impôt et noyaient dans le sang toutes les révoltes.

Les makhzens furent organisés en l'an 963 de l'Hégire (1563 de l'ère chrétienne), par le bey Hassan, Baba-Aroudj, fils de Kheir ed Din, et neveu de Baba Aroudj (Barberousse), les deux célèbres corsaires qui firent la conquête d'Alger et placèrent leur pouvoir sous la protection du sultan de Constantinople.

Déjà en 1831, l'ordonnance royale du 21 mars, formait à Alger, sous le nom de chasseurs algériens, le premier corps de cavalerie indigène.

En 1832, les capitaine d'Armandy et Yusuf, par un

---

(1) Exactement, en 1830, 1.978 hommes répartis en 86 groupes de 23 hommes nommés *Seffara*, disséminés dans les principales villes des trois provinces. (*De la domination turque dans l'ancienne régence d'Alger*, par le capitaine d'artillerie Walsin-Esterhazy.)

coup de main hardi, lors de l'occupation de Bône, gagnaient à notre cause la milice turque d'Ibrahim, lieutenant d'El Hadj Ahmed, bey de Constantine, et la prenaient à notre solde. C'est l'origine du 3ᵉ tirailleurs et du 3ᵉ spahis actuels.

Un peu partout des indigènes étaient enrôlés sous le nom de zouaves, chasseurs d'Afrique, gendarmes maures, spahis irréguliers. Vers la fin de l'année 1841, l'armée d'Afrique ne comptait pas moins de 2.500 de ces auxiliaires indigènes.

C'est aussi de cette époque (ordonnance du 7 décembre 1841) que datent :

1º La création de trois bataillons de tirailleurs indigènes (un par province), qui ont servi de noyau aux trois régiments de tirailleurs actuels, formés par le décret impérial du 10 octobre 1855, à la suite de la guerre de Crimée, où un régiment provisoire, créé le 9 mars 1854, avec des éléments tirés des trois bataillons, avait pris une part glorieuse ;

2º L'organisation de vingt escadrons de cavalerie indigène répartis dans les trois provinces, et qui furent transformés en trois régiments de spahis, par l'ordonnance royale du 21 juillet 1845.

Indépendamment de ces troupes régulières, nous ne pouvons passer sous silence les goums qui ont rendu, en Algérie, de signalés services.

Les goums sont les makhzens des Turcs. Ils sont constitués dans certaines tribus du territoire de commandement, et comprennent un nombre variable de cavaliers, selon l'importance de la tribu, sous les ordres du caïd ou d'un cheïkh, et quelquefois de l'un d'entre eux, qui porte le nom de raïs el makhzen (chef du makhzen).

Ces cavaliers fournissent eux-mêmes leur monture (cheval ou mehari), harnachée à l'indigène. Ils n'ont pas de tenue spéciale. Autrefois, ils étaient détenteurs de leurs armes (fusils à pierre et à piston, sabres et yatagans de toute provenance) ; aujourd'hui, leurs armes (carabines modèle 1874, et sabres de canonniers modèle 1829), et les munitions sont déposées, selon le cercle, dans les magasins de l'artillerie ou dans un local aménagé à cet effet, aux frais de la commune indigène, sous la surveillance du chef du bureau arabe qui tient à jour la liste nominative des cavaliers du goum.

Les goums ne se réunissent et prennent les armes que sur l'ordre du commandant français (commandant supérieur du cercle), qui l'a reçu lui-même du général commandant la division.

Ils doivent être et sont prêts à marcher à toute réquisition de l'autorité militaire.

On leur alloue généralement pendant toute la durée de leur mission, une solde journalière variable, mais qui ne dépasse guère 1 franc, et des vivres en nature pour eux et leur cheval ou mehari, lorsque la région où ils opèrent et les ressources le permettent.

Jusqu'à ces derniers temps, ils ont eu dans les razzias une part des prises. En outre, les goumiers sont dégrevés d'une partie de l'impôt.

Ces troupes auxiliaires n'ont ni la solidité, ni le dévouement des troupes régulières, et il est arrivé parfois qu'en cours d'expédition, elles ont abandonné notre cause. Néanmoins, aujourd'hui que leur organisation est plus complète, elles pourraient, à l'occasion, rendre, surtout dans le Sahara, d'excellents services. C'est, du reste, à la tête d'un goum, il y a trois ans, que le capitaine Pein, des affaires indigènes, est entré dans In-Salah.

Depuis leur formation, les troupes indigènes, sauf les goums, qui n'ont pas quitté l'Algérie, ont guerroyé partout où le drapeau de la France a été engagé. Partout aussi elles se sont montrées d'une endurance, d'un dévouement et d'une bravoure qui ont excité l'admiration de tous ceux qui les ont vues à l'œuvre.

C'est à elles, il ne faut pas l'oublier, que nous devons en grande partie la conquête et la pacification de l'Algérie. Sans ces admirables soldats, à une époque où les Arabes et les Kabyles nous combattaient à armes à peu près égales, nous ne serions jamais venus à bout de leur résistance.

Déjà, le 17 avril 1843, le général Baraguay d'Hilliers, à la suite d'un combat livré aux Kabyles de la tribu des Beni-Toufout (expédition de Collo), s'exprimait ainsi sur leur compte :

« Je n'avais avec moi que quelques spahis, ils se sont battus comme des lions; je regrette de n'avoir pas amené le détachement tout entier (1). »

Enfin, le 14 juin 1848, à la suite d'une expédition dans l'Aurès, qui amena la capture d'El-Hadj-Ahmed, dernier bey de Constantine, le colonel Canrobert, s'adressant au commandant Bourbaki, qui avait pris part à cette expédition, avec le bataillon de tirailleurs de Constantine, prononçait ces paroles :

« Je ne prétends pas que vos soldats soient les meilleurs de l'armée française, mais je n'en connais pas qui vaillent mieux. Avec une troupe comme la vôtre, on peut tout entreprendre, on peut tout oser (2). »

Cette appréciation comparative à une époque où l'armée d'Afrique était formée d'anciens soldats aguerris, n'en a que plus de poids aujourd'hui, qu'elle ne comprend guère, à part la légion, que des jeunes soldats.

Aussi nous les voyons se couvrir de gloire en Crimée, en Italie, au Sénégal, en Cochinchine, au Mexique et pendant la guerre de 1870-1871, où ils se conduisent en

---

(1) Historique du 3e régiment de spahis.
(2) Historique du 3e régiment de tirailleurs.

héros à Wissembourg, à Freschwiller, à Sedan et aux armées de province.

Nous les retrouvons toujours au premier rang en Algérie, pendant les insurrections de 1871, 1876, 1879, 1881-1882, à la mission Flatters, en Tunisie, au Tonkin, à Madagascar, et en dernier lieu à la mission Foureau-Lamy, et à Timmimoun.

Partout elles sont héroïques, partout elles se distinguent parmi les troupes les plus braves.

Ainsi se justifie leur réputation de soldat incomparable que leur donne dans ses « Souvenirs » le général du Barail, un des éminents généraux qui a pu le mieux les apprécier pendant sa longue carrière en Algérie.

C'est aussi l'opinion de tous les officiers qui ont eu l'honneur de les commander.

Conditions dans lesquelles ont servi et servent actuellement les indigènes algériens.

Comme nous l'avons vu, on se préoccupa dès l'année qui suivit la prise d'Alger, d'organiser des troupes auxiliaires musulmanes, en se servant des éléments de la milice turque à la solde des beys, et des indigènes.

Yusuf, ancien Mameluk du bey de Tunis, passé au service de la France, après une évasion romanesque, à la suite d'une intrigue amoureuse avec une fille du bey, en fut l'inspirateur.

Par son origine mystérieuse, ses aventures, sa physionomie intelligente et remarquablement belle, sa bravoure éclatante, son luxe oriental, il s'est fait en Algérie une réputation légendaire. Il était naturellement désigné pour commander à de pareilles troupes qui l'adoraient et auxquelles il pouvait tout demander.

Il fut véritablement le créateur du corps des spahis; il le forma à son image et lui communiqua cette ardeur héroïque, cet esprit d'aventures qu'il a conservé jusqu'à nos jours.

C'est à lui, à son intuition, à sa profonde connaissance de la langue et des coutumes des indigènes et surtout aux rigoureuses mesures qu'il sut faire adopter au duc d'Aumale, que nous devons un des plus glorieux faits d'armes de la conquête, la prise de la smala d'Abd el Kader, qui porta un coup terrible au prestige de l'émir.

Jusqu'en 1841, les indigènes n'étaient liés au service de la France par aucun engagement. Ils servaient à titre d'auxiliaires, n'avaient pas d'uniforme et ne recevaient que la solde et une prime d'entretien. Les escadrons de cavaliers indigènes étaient montés et armés à leurs frais, laissés à leur existence de tribu, mais obligés de se tenir prêts à marcher au premier signal. C'était, en somme, l'organisation des makhzens des Turcs, avec cette différence qu'ils percevaient une solde.

L'ordonnance royale du 7 décembre 1841 organisa sur de nouvelles bases ces troupes irrégulières, réglementa l'uniforme et décida que tout indigène de 16 à 40 ans pouvait être admis à servir dans ces corps, avec ou sans engagement, à la condition de posséder l'aptitude physique nécessaire et, pour servir aux spahis, d'être pourvu d'une bonne monture.

Les emplois d'officier supérieur, capitaine commandant et officier comptable étaient réservés aux Français; la moitié des autres emplois étaient accordés aux indigènes.

Cette organisation présentait, à côté des avantages suivants : économie, faculté de se débarrasser à tout instant des sujets inaptes ou indisciplinés, le grave inconvénient que, n'étant pas liés au service, les indigènes pouvaient à leur gré, et même aux moments les plus difficiles, abandonner nos drapeaux.

L'ordonnance royale du 21 juillet 1845, créant les trois

régiments de spahis actuels, astreignait tous les indigènes à contracter un engagement de trois ans, avec rengagements facultatifs de deux ans, et à prêter serment sur
le Coran. L'âge minimum était élevé de 16 à 18 ans ; les
autres dispositions essentielles de l'ordonnance du 7 décembre 1841 étaient maintenues.

En 1852, sur le rapport du général Randon, gouverneur général de l'Algérie, et d'après une étude du capitaine du Barail, un certain nombre d'escadrons de spahis
étaient organisés en smalas sur les frontières.

Chaque smala avait pour forteresse un bordj (enceinte
carrée ou rectangulaire), flanqué aux angles de tourel-
les destinées au logement des sous-officiers et comprenant un bâtiment où logeaient les officiers, et des han-
gars-écuries adossés aux quatre faces avec abreuvoir intérieur. Ce bordj, où étaient déposés les vivres et les
munitions, servait, à la première alerte, de réduit aux
spahis, à leurs familles et à leurs troupeaux. En temps
ordinaire, le spahi, avec sa famille, vivait à l'extérieur
sous la tente, cultivait un champ d'une dizaine d'hecta-
res et gardait son troupeau, avec le concours d'un khammès et de deux ou plusieurs domestiques indigènes
montés qui, comme l'homme d'armes du moyen-âge,
l'accompagnaient à la guerre.

Aussi, pour faire partie d'une smala, fallait-il être
chef ou fils de chef de tente et appartenir à une tribu établie dans la région.

On se proposait ainsi d'assurer la sécurité de certaines
régions troublées par la turbulence des tribus avoisi-
nant la frontière, en y intéressant les indigènes influents,
ce qui était une idée juste, et le secret espoir, en appli-
quant la devise du maréchal Bugeaud : *Ense et aratro,*
de provoquer chez les indigènes des tribus voisines la
diffusion des méthodes de culture française et l'amélio-
ration de l'élevage.

Mais ici, à notre sens, on faisait fausse route, en confiant à des mains inexpérimentées l'éducation agricole et pastorale des indigènes. Les Romains, qui étaient passés maîtres dans l'art de la colonisation, ont établi partout des colonies florissantes, à la fois militaires et agricoles, mais c'étaient eux-mêmes qui exploitaient le pays, avec le concours de la main-d'œuvre des autochtones. C'est ainsi que nous comprenons la colonisation de l'Algérie.

Aussi, le système des smalas, qui a rendu et peut rendre encore, surtout dans le Sahara, de grands services dans une région déterminée, pour assurer la tranquillité du pays, doit être abandonné partout ailleurs, parce qu'il rive au sol les troupes qui les composent. La sédition de la smala d'Aïn-Guettar, en 1871, sur laquelle nous reviendrons plus loin, prouve surabondamment qu'une pareille troupe ne peut sans inconvénients être dépaysée.

La décision impériale du 25 juin 1861 fixe à quatre ans l'engagement volontaire des tirailleurs, et leur alloue, pour la première fois, une prime de 50 francs pour l'engagement de quatre ans, et chaque rengagement jusqu'au troisième inclusivement.

Enfin, le décret du 21 avril 1866, qui est encore en grande partie en vigueur, détermine sur de nouvelles bases la situation militaire des indigènes.

Il nous paraît intéressant de transcrire ici ses principaux articles :

TITRE Ier.

Art. 1er. — Les troupes indigènes de l'Algérie font partie de l'armée française. Elles comptent dans l'effectif général.

Art. 2. — Elles se recrutent par des engagements volontaires.

Art. 3. — Tout indigène peut être admis à contracter un engagement pour un corps indigène, s'il satisfait aux conditions suivantes :

1° Etre âgé de 17 ans au moins et de 35 ans au plus et avoir la taille de 1m,56 au moins;

2° Etre reconnu apte physiquement au service militaire;

3° Etre jugé digne par sa conduite et sa moralité de servir dans l'armée française.

Art. 5. — Cet article, qui fixe à 4 ans le premier engagement et ouvre droit à une prime, a été modifié par le décret du 22 septembre 1898, qui, en maintenant ces dispositions, les a complétées en édictant les pénalités qu'encourent les indigènes lorsque, ayant servi antérieurement dans l'armée, ils font une déclaration mensongère ou dissimulent leur véritable nom et état civil pour contracter un nouvel engagement.

Art. 6. — Dans le dernier trimestre de la quatrième année de service, l'indigène peut être admis par le conseil d'administration à contracter un rengagement, soit pour un corps indigène, soit pour un corps français...

Art. 7. — L'avancement des indigènes dans l'armée a lieu exclusivement au choix...

Art. 8. — Sont applicables aux militaires indigènes, le Code de justice militaire pour l'armée de terre et particulièrement tous les règlements relatifs au service et à la discipline militaires; la loi du 19 mai 1834, sur l'état des officiers, la loi sur les pensions de l'armée de terre, à la condition toutefois, en ce qui concerne les veuves et les orphelins, que le mariage aura été contracté sous la loi civile française.

TITRE II.

Art. 9. — Les conditions d'admission, de service et d'avancement des indigènes dans les troupes de la marine et dans les équipages de la flotte sont les mêmes que celles qui sont formulées au titre Ier ci-dessus pour l'armée de terre.

Art. 10. — L'indigène musulman ou israélite (il en existe encore dans le M'Zab, que nous ne possédions pas lorsque le décret du 24 octobre 1870 a naturalisé en masse les juifs indigènes), s'il réunit les conditions d'âge et d'aptitude déterminées par les règlements français spéciaux à chaque service, peut être appelé, en Algérie, aux fonctions et emplois de l'ordre civil désignés au tableau annexé au présent décret.

Il n'est admis à des fonctions et emplois autres que ceux prévus à ce tableau, qu'à la condition d'avoir obtenu les droits de citoyen français...

Ainsi, c'est de cette époque que datent :

1° L'incorporation à l'armée française des troupes indigènes;

2° L'établissement définitif des primes d'engagement et de rengagement;

3° L'application aux officiers indigènes de la loi du 19 mai 1834, sur l'état des officiers;

4° Le droit des indigènes à la pension de retraite et à certains emplois civils déterminés.

Le décret du 6 janvier 1874 réorganisant les régiments de spahis a modifié ainsi qu'il suit celui du 21 avril 1866 :

1° Il fixe de 18 à 40 ans l'âge de l'engagement des indigènes;

2° Il exempte d'impôts les spahis;

3° Il décide qu'aucun escadron ne peut être formé d'indigènes appartenant à une seule tribu, et que les smalas conservées seront recrutées avec des cavaliers ayant déjà servi deux ans ou plus dans les escadrons casernés.

Le décret du 1er mai 1897 n'admet le premier engagement que de 18 à 30 ans pour les spahis et supprime pour eux l'obligation de fournir leur monture, qui avait subsisté jusque-là.

En dernier lieu, le décret du 13 novembre 1899 a déterminé, d'après les règles actuellement en vigueur, la durée des engagements et des rengagements des indigènes (tirailleurs et spahis) et les tarifs de prime et de solde.

Aux termes de ce décret, les indigènes peuvent, à partir de 18 ans, contracter :

1° Un engagement de quatre ans donnant droit à une prime de 400 francs;

2° Deux rengagements de la même durée donnant droit, le premier à une prime de 350 francs, et le deuxième à une prime de 250 francs;

3° Un troisième rengagement de trois ans sans prime.

Après trois rengagements ou 15 ans de service, ils ne peuvent être conservés ou réadmis sous les drapeaux qu'en qualité de commissionnés.

Le droit à la pension de retraite proportionnelle leur est ouvert à 15 ans de service. (Avis du Conseil d'Etat du 4 août 1899.) A 25 ans de services, ils ont droit à la retraite pour ancienneté de services.

Les indigènes peuvent être mariés ou célibataires, mais le service est le même pour tous.

Les régiments de spahis comprennent des escadrons mobiles, composés, en principe, de spahis célibataires, et des escadrons sédentaires (anciennes smalas), formés de spahis mariés, servant ou ayant servi deux ans dans l'un des escadrons mobiles et justifiant des moyens nécessaires pour faire valoir le lot de culture qui pourra leur être attribué sur le territoire militaire.

CHAPITRE III

LE MOMENT EST-IL OPPORTUN POUR IMPOSER LE SERVICE MILITAIRE OBLIGATOIRE AUX INDIGÈNES?

Jamais, depuis la conquête, le moment n'avait apparu aussi opportun pour l'introduction d'une réforme qui aura sur la transformation de ce peuple et la puissance militaire de la France des conséquences incalculables.

Les indigènes musulmans sont en ce moment absolument soumis à nos lois et pacifiés. Aucun symptôme alarmant, précurseur de la tempête, n'est signalé nulle part, et grâce aux mesures aussi sages qu'éclairées prises par les pouvoirs publics, rien ne fait prévoir que cette situation puisse se modifier de sitôt.

On objectera sans doute que la situation paraissait aussi calme à la surface, l'année dernière, au moment des événements de Margueritte.

Il nous sera facile de répondre que ce mouvement, tout local, n'a eu aucun écho sur les autres tribus de l'Algérie, non seulement parce qu'il a été étouffé aussitôt après son éclosion, comme avec un peu de vigilance seront étouffés tous ceux qui pourraient se produire à l'avenir, mais encore parce que les indigènes ne possèdent et ne possèderont jamais une organisation capable de renverser l'état de choses existant.

Il y a parmi eux des gens éclairés qui s'en rendent compte. Ceux-là confessent que, malgré leur désir, ils sont impuissants à nous jeter à la mer et savent parfaitement que les Français ne pourraient être chassés de l'Algérie qu'en cas d'une guerre continentale malheureuse qui amènerait dans la colonie des troupes européennes. Mais alors ils ne feraient que changer de maître, et ils se demandent, avec leur bon sens naturel, s'ils ne troqueraient pas un cheval borgne contre un aveugle.

Des événements de Margueritte et de cet état d'esprit des indigènes, notre plan de conduite, à leur égard, paraît tout tracé.

Il peut se résumer ainsi :

1° Surveiller les marabouts haillonneux des tribus et particulièrement les marabouts étrangers du Maroc, d'Egypte, d'Arabie ou d'ailleurs, qui, plus instruits et mieux écoutés, sont d'autant plus dangereux qu'ils parcourent toutes les tribus, et ne pas hésiter à les mettre à la raison;

2° Surveiller aussi attentivement les étrangers et notamment les méthodistes anglais, qui, sous prétexte d'évangéliser les musulmans, leur apprennent qu'il y a une autre patrie que la France dont ils pourraient faire partie pour leur plus grand bonheur.

A ces prudentes précautions, il convient d'ajouter la continuation de la sage politique qui a gagné à notre cause les grandes confréries religieuses de l'Algérie, les Cheïkhia (Oulad Sidi Cheïkh), les Kadria, les Taïbia et les Tidjania.

Mais ce qu'il importe avant tout c'est d'organiser une force capable de défendre le sol algérien, envers et contre tous.

Cette force, pour paraphraser un mot célèbre, il suffit de frapper du pied le sol pour l'en faire sortir.

Toutefois, pour ne pas nous payer de mots, comme Pompée, il faut passer immédiatement à l'action, sinon, il sera peut-être trop tard.

Objections que l'on peut faire au sujet de l'application de la conscription aux indigènes.

Les principales objections que l'on fait généralement à cette mesure sont les suivantes :

1° Peut-on imposer aux indigènes le service militaire obligatoire sans atteindre leur statut personnel et sans provoquer du mécontentement et peut-être un soulèvement ?

2° Possédons-nous les éléments nécessaires pour appliquer la conscription aux indigènes ?

3° N'y aura-t-il pas un grand nombre de réfractaires qui pourront devenir un danger pour la sécurité publique ?

4° N'est-il pas à craindre qu'en donnant l'instruction militaire à un grand nombre d'indigènes, nous ne nous exposions à les voir, une fois libérés, s'organiser et fomenter une insurrection ?

5° La conscription ne tarira-t-elle pas la source des engagements volontaires avec prime, dont s'alimentent nos régiments de tirailleurs et de spahis actuels ?

6° Le budget ne sera-il pas fortement obéré par cette nouvelle mesure ?

Nous allons examiner successivement chacune de ces objections :

1° Peut-on imposer aux indigènes le service militaire obligatoire sans atteindre leur statut personnel et sans provoquer du mécontentement et peut-être un soulèvement ?

Dès le premier jour de la conquête, nous avons garanti aux indigènes le respect de leur religion, de leurs personnes, de leurs biens, de leur commerce et de leur in-

dustrie. Nous n'avons jamais failli à cette convention si-
gnée le 5 juillet 1830 entre le général comte de Bour-
mont et le dey d'Alger, Hussein-Pacha. C'est la charte
des indigènes algériens.

Leur liberté de conscience reste entière et le Sénatus-Consulte du 22 avril 1863 les a rendus propriétaires collectifs ou individuels des biens dont ils avaient
antérieurement la jouissance, à charge par eux d'acquit-
ter l'impôt qu'ils payaient auparavant aux beys.

S'il est vrai que sous la domination turque la conscription n'existait pas pour eux et que les tribus makhzens, qui fournissaient au premier signal les hommes
nécessaires pour étouffer les révoltes, étaient exemptes
d'impôt, il y a lieu de remarquer qu'à cette époque la
conscription n'existait guère qu'en France et en Alle-
magne et pas encore dans les états musulmans, la Turquie et la Tunisie par exemple.

Or, depuis, la conscription a été établie dans presque
tous les états européens et la Turquie et la Tunisie
n'ont pu échapper à cette loi de salut public des nationalités.

Pour ne parler que de ces dernières, la loi de 1843
a établi la conscription en Turquie, applicable aux musulmans seulement, les chrétiens de cet état étant exo-
nérés du service militaire, et celle du 12 redjeb 1276
(7 février 1860) l'a appliquée en Tunisie.

On objectera sans doute que ce qui est applicable
en pays musulman, gouverné par un chef musulman,
ne l'est pas dans un pays comme l'Algérie, où l'autorité française n'est pas musulmane.

Cet argument, bien que nous n'en méconnaissions
pas la valeur, n'a qu'une importance relative.

Nous voyons, en effet, des états chrétiens, tels que
l'Autriche-Hongrie et la Russie, qui en Bosnie-Herzé-

govine, en Europe et en Asie ont de nombreux sujets musulmans, leur imposer le service militaire obligatoire.

Les indigènes algériens, habitués de longue date à subir la loi du vainqueur, s'y soumettront, sinon avec enthousiasme du moins avec résignation.

Ils ont pu se rendre compte par les nombreux tirailleurs et spahis de toutes les tribus qui ont servi dans nos rangs et qui reviennent pour la plupart jouir de leur retraite dans les douars, où leur aisance relative, qu'ils ont gagnée au service de la France, fait envier leur sort par leurs coreligionnaires, que nous savons respecter leurs croyances religieuses et récompenser leurs services.

Que le gouvernement soit fort, que la moindre résistance soit brisée immédiatement avec la dernière sévérité, et cette nouvelle institution sera acceptée en Algérie, comme elle l'est en Tunisie.

2° Possédons-nous les éléments nécessaires pour appliquer la conscription aux indigènes ?

Ces éléments sont de deux sortes : le premier concerne l'état civil déterminant l'âge des indigènes à recenser, le deuxième est relatif aux autorités nécessaires, françaises et indigènes, pour dresser les listes de recensement et réunir les recensés sur des points déterminés pour être examinés par le conseil de revision, et ultérieurement pour la mise en route du contingent.

a) Etat civil des indigènes.

La loi du 22 mars 1882, prescrivant la constitution de l'état civil des indigènes et l'institution d'un nom patronymique obligatoire, appliquée d'abord dans la région du Tell, a été étendue ensuite à tout le territoire civil où elle fonctionne régulièrement.

On sait que chaque indigène a un nom qui lui est

propre, tiré du nom des patriarches et prophètes bibliques, des propagateurs de l'Islam, ou commençant par le mot « Abd » (serviteur), exemple : Abd el Kader (serviteur du Puissant), ou bien dont la terminaison est « Din » (religion), exemple : Mahied Din (dirigé par la religion). nom du père d'Abd el Kader. Ce nom est suivi du mot « ben » fils et du nom du père (1).

Ainsi pour fixer les idées, prenons un indigène appelé Moussa ben Mohammed. Il donne à son fils, le nom de « Aïssa ». Ce dernier s'appellera donc Aïssa ben Moussa, et il ne sera plus question du nom du grand'père. Il s'ensuit que l'arbre généalogique des indigènes musulmans, lorsqu'il faut remonter à plusieurs générations, est très compliqué et presque inextricable.

Aussi, il a paru indispensable de fixer une fois pour toutes un nom patronymique à chaque famille et la loi du 22 mars 1882 y a pourvu.

Cette loi a, en outre, créé un registre matrice où sont inscrits tous les membres des familles composant les douars et les tribus, avec indication de leur âge supposé, de leur sexe et de leur profession. En outre, chaque indigène a reçu une carte d'identité portant son nom particulier, son nom patronymique et le n° d'inscription sur le registre matrice.

Ce registre facilite les recensements quinquennaux qui s'effectuent sans la moindre difficulté.

---

(1) Beaucoup d'indigènes ont des surnoms qui, lorsqu'ils ne sont pas un qualificatif, tels que : El Kébir (le grand), El Aouwer (le borgne), El Mansour (le victorieux), etc., commencent par le mot Bou (l'homme à....). Exemples: Bou Ammama (l'homme au turban), Bou Chelagram (l'homme à la moustache), Bou Kabous (l'homme au pistolet). Les noms des femmes sont empruntés généralement à des qualités physiques ou morales. Exemples : Zeïna (belle), Saïda (heureuse), Aïcha (bienheureuse), Zohra (fleur). Ils sont suivis du mot bent (fille) et du nom du père.

Il serait désirable qu'un arrêté du gouverneur général rendit cette loi exécutoire en territoire militaire.

Dans ce territoire la circulaire du gouverneur général du 29 mai 1875, confirmée par celles des 26 juillet 1875 et 22 juillet 1876, a prescrit dans chaque cheïkhat la tenue d'un registre de naissances, de décès, de mariages et de divorces. Ces registres, qui sont traduits en français par le khodja (secrétaire), sont vérifiés et visés tous les trimestres par le commandant supérieur du cercle ou par délégation par l'officier du bureau arabe.

Ici, comme en territoire civil, les recensements quinquennaux s'opèrent très facilement.

Sur le premier point nous n'avons donc que peu ou pas de mécomptes à prévoir.

b) Autorités françaises ou indigènes chargées de dresser les listes de recensement et de réunir le contingent annuel.

Les autorités chargées de dresser les listes de recensement et de réunir le contingent annuel seront les mêmes que celles qui procèdent au dénombrement quinquennal, savoir :

1° En territoire civil les maires dans les communes de plein exercice et les administrateurs dans les communes mixtes secondés par les adjoints indigènes, chefs des douars, et les ouakafs, chefs des fractions de douar, assistés de leurs khodjas;

2° En territoire de commandement, les officiers des affaires indigènes, aidés par les caïds, chefs de tribu, et les cheïkhs, chefs de fraction, assistés de leurs khodjas;

Tous ces fonctionnaires indigènes étant nommés par le gouverneur général ou le préfet, et révocables par eux, nous sont entièrement dévoués et nous pouvons absolument compter sur leurs concours.

3° N'y aura-t-il pas un grand nombre de réfrac-
taires qui pourront devenir un danger pour la sécurité
publique ?

On craint que l'application de la conscription n'entraîne un grand nombre de réfractaires, qui traqués par la gendarmerie pourraient s'organiser en bandes et devenir un danger permanent pour la sécurité publique.

Des réfractaires, il y en a eu de tout temps et dans tous les pays, mais on s'en exagère l'importance. L'exemple de la Tunisie, où ce nombre est presque insignifiant, est rassurant à cet égard.

Du reste, il faut compter sur la vigilance des fonctionnaires de tout ordre chargés de l'administration du pays et de la sécurité publique, et nous pensons qu'on ne tardera pas à se convaincre que de ce côté encore il n'y a rien à redouter. Nous indiquerons plus loin un moyen qui en atténuera singulièrement le nombre.

4° N'est-il pas à craindre qu'en donnant l'instruction
militaire à un grand nombre d'indigènes, nous ne nous
exposions à les voir, une fois libérés, s'organiser et fo-
menter une insurrection ?

La crainte de voir les indigènes, après la libération du service actif, s'organiser et s'insurger nous paraît chimérique.

D'abord, parce qu'ils ne possèderont jamais ni l'organisation, ni les armes et munitions de guerre, qui seules pourraient les rendre dangereux; ensuite, parce que mieux que personne, ils auront pu apprécier pendant leur séjour sous nos drapeaux la puissance de notre organisation.

Ce ne sera pas à coup sûr, un ancien officier indigène qui en sera l'instigateur. Pendant sa longue carrière, au service de la France, il aura pu se rendre compte de la folie d'une telle entreprise.

La guerre sainte (El Djihad) ne sera, comme toujours, prêchée que par quelque marabout fanatique. Ce dernier, s'il a assez d'influence pour soulever ses coreligionnaires, ne possèdera ni les moyens, ni les connaissances nécessaires, plus nécessaires aujourd'hui que jamais, où la guerre devient de plus en plus une science, pour triompher de notre organisation. Toute tentative de ce genre avortera fatalement.

Comme nous l'avons dit plus haut, ce ne seront jamais les Arabes qui nous chasseront de l'Algérie. En cas de guerre continentale seulement, nous verrions l'étranger chercher à fomenter l'insurrection et lui fournir des moyens pour secouer notre joug.

Mais, à moins d'aveuglement de la part de l'autorité chargée de veiller à la sécurité de notre belle colonie, il ne fait aucun doute que longtemps avant, tous ces réservistes indigènes seraient appelés sous nos drapeaux, grossiraient nos contingents et seraient au contraire la vraie sauvegarde de l'Algérie contre toute tentative de l'étranger.

5° La conscription ne tarira-t-elle pas la source des engagements volontaires avec prime dont s'alimentent nos régiments de tirailleurs et de spahis actuels ?

A première vue, il semblerait, en effet, que l'application de la conscription devrait diminuer dans de notables proportions la source de nos engagés avec prime qui constituent nos régiments de tirailleurs et de spahis actuels. Mais, un examen attentif de la question nous permet d'espérer que cette source au lieu d'être diminuée se trouvera, au contraire, considérablement développée par le fait même de la conscription.

En effet, si l'on prend, comme nous l'indiquerons plus loin, 10.000 hommes du contingent annuel sur les 25.000 qu'il peut fournir, il restera encore disponible pour les engagements avec prime les 3/5 du contingent.

Le nombre des premiers engagements avec prime est en moyenne de 1.500 par an. Or, nous estimons qu'au moins 1/10 du contingent annuel appelé briguera l'honneur, à l'expiration des trois années de service, de contracter un rengagement avec prime, soit déjà 1.000 hommes sur les 1.500 nécessaires.

Il en résultera qu'au lieu d'être tarie, cette source sera d'autant plus abondante qu'on augmentera davantage le nombre d'hommes du contingent annuel appelé, avec cet avantage que les anciens corps ne recruteront guère plus que des soldats exercés.

L'ancien mode de recrutement a fait ses preuves. Une longue expérience nous montre, en effet, que l'appât des primes exerce sur les cerveaux indigènes un pouvoir fascinateur et que, de ce côté, nous n'aurons jamais que l'embarras du choix.

6° Le budget ne sera-t-il pas fortement obéré par cette nouvelle mesure ?

Il est certain qu'on n'augmente pas les forces militaires d'un pays de 30.000 hommes d'armée active et de 120.000 hommes de réserve sans grever son budget.

Toutefois, nous avons déjà signalé la corrélation qui doit exister entre l'application de la conscription aux indigènes et la réduction à deux ans du service militaire. Cette loi, si elle est adoptée, entraînera un déficit de 50.000 hommes sur les effectifs actuels que le Ministre de la guerre se propose de combler au moyen de 36.000 soldats ou caporaux rengagés et 14.000 sous-officiers rengagés.

Si l'on faisait état du contingent indigène algérien, on pourrait supprimer les soldats rengagés et la nouvelle organisation ne coûterait pas un centime de plus à l'Etat.

Mais ce n'est pas ainsi que nous entendons utiliser les ressources du contingent indigène.

Comme nous l'indiquerons plus loin, les 30.000 indigènes que nous recruterons en Algérie laisseront disponibles pour les corps de troupe de la métropole, d'abord 7.850 hommes du contingent venus de France servir dans les corps de troupe de l'Algérie; ensuite, avec une partie des régiments actuels de tirailleurs, de spahis et de la légion étrangère, qu'on enverrait aux colonies, on pourrait supprimer les 5.000 appelés (mauvais numéros) du contingent de France qui servent encore dans les troupes coloniales et 4.000 soldats rengagés de ces dernières.

De sorte, qu'en chiffre ronds, 16.850 hommes viendraient grossir les effectifs des troupes de la métropole et des colonies et que la dépense ne porterait plus que sur 13.150 hommes.

La dépense approximative résultant de l'application de cette mesure s'élèverait à environ 13.500.000 francs (voir chapitre IX, renvoi 1).

Nous pensons que ce sacrifice n'est pas au-dessus des moyens d'une grande nation comme la France, dont les représentants animés du plus pur patriotisme n'ont jusqu'à ce jour rien marchandé à l'armée pour la rendre plus puissante, sachant qu'elle est la sauvegarde de la sécurité et de la grandeur de la patrie.

CHAPITRE IV

CONDITIONS DANS LESQUELLES SERAIT APPLIQUÉE LA CONSCRIPTION AUX INDIGÈNES

Le principe de la conscription des indigènes algériens étant admis, nous allons examiner dans quelles conditions elle devrait être appliquée pour donner le rendement reconnu indispensable, sans porter une trop grande perturbation dans l'existence d'un peuple aussi rebelle à toute innovation.

Ces conditions sont de deux ordres :

Le premier relatif à la nécessité de constituter une force capable, avec la formation des réserves, de défendre le sol algérien, en laissant disponibles les corps de troupes indigènes existant actuellement, dont la mission consisterait : 1° à assurer en partie la défense des colonies; 2° à organiser en France une division d'infanterie indigène, avec tous ses éléments, destinée à jouer un rôle prépondérant, soit en cas d'expédition coloniale, soit en cas de guerre européenne;

Le deuxième relatif aux tempéraments à apporter à l'obligation du service militaire des indigènes pour éviter le mécontentement.

Pour l'étude de cette question nous devons tenir compte, en premier lieu, du rendement possible de la population indigène, et nous inspirer ensuite des conditions, dans lesquelles, jusqu'à ce jour, les indigènes ont servi dans l'armée française et dans les pays musulmans qui ont appliqué la conscription : la Turquie et la Tunisie.

**Ressources militaires que peuvent fournir les indigènes.
Détermination du contingent annuel.**

Pour résoudre cette question, un peu de statistique est nécessaire.

Le dénombrement de la population en 1901 a donné (voir tableau n° 1) :

                                              Habitants.

1° Pour la France et la Corse (non compris les étrangers non naturalisés).................................... 37.924.167

2° Pour la population indigène de l'Algérie (non compris les territoires du Touat, du Gourrara et du Tidikelt, nouvellement annexés)............................. 4.065.367

3° Le nombre de jeunes gens inscrits sur les listes du tirage au sort de la classe 1899, d'après le compte rendu sur le recrutement de l'armée pendant l'année 1900, a été de... 324.334

4° Le rendement de cette classe, y compris les ajournés des deux années précédentes, a été de............... 230.466

En admettant, ce qui est très rationnel, la même proportionnalité entre la population indigène et la population française et le rendement du contingent annuel, nous trouvons :

1° Nombre d'indigènes qui seraient inscrits annuellement sur les tableaux de recensement................... 34.767
2° Rendement du contingent annuel.................... 24.705

D'après ces données, il est facile de déterminer d'une façon mathématique les ressources en indigènes algériens susceptibles de porter les armes.

Si on leur appliquait le service militaire obligatoire, comme en France, tel qu'il est défini par la loi du 15 juillet 1889, on obtiendrait :

1° Pour l'armée active 24.705 × 3 classes = 74.115 hommes. desquels il y a lieu de déduire le déchet (15 p. 100), soit... 11.117

Reste........................ 62.998 ci 62.998

2° Pour les différentes catégories de réserve 24.705 × 22 classes............................ 543.510 hommes, desquels il y a lieu de déduire le déchet (15 p. 100), soit.............................. 81.526

Reste........................ 461.984 ci 461.984

Total égal.................. 524.982

Ces chiffres ont leur éloquence; ils montrent les précieuses ressources que peut fournir à l'armée française l'élément indigène, auquel nous n'empruntons aujourd'hui que 16.000 hommes seulement avec un recrutement annuel d'environ 1.500 premiers engagements, soit 6 p. 100 du contingent annuel.

Les calculs ci-dessus ont pour base la loi du 15 juillet 1889, qui ne pourrait sans inconvénient être intégralement appliquée aux indigènes, en raison de la différence du climat et des races.

Détermination des limites d'âge dans lesquelles doit être renfermée la durée du service militaire des indigènes.

Les indigènes algériens sont beaucoup plus précoces que les Français. A 18 ans, ils sont assez robustes et résistants pour supporter les fatigues du service militaire. Mais, en revanche, ils veillissent plus vite, et après 40 ans ils n'ont généralement plus la vigueur nécessaire pour faire un bon service.

C'est, du reste, entre ces limites d'âge que se recrutent aujourd'hui nos troupes indigènes. La limite inférieure fixée à 16 ans pour les spahis, par l'ordonnance du 7 décembre 1841, fut portée à 17 pour tous les indigènes, par le décret du 21 avril 1861, et, enfin à 18 ans par le décret du 6 janvier 1874. C'est aussi l'âge de 18 ans qui est fixée par la loi beylicale du 12 redjeb 1276 (7 février 1860) pour la conscription des indigènes tunisiens.

Enfin, nos médecins militaires ont constaté que ce sont généralement les indigènes de 18 ans qui fournissent le meilleur recrutement. Ils trouvent au régiment, avec des exercices gradués, une nourriture saine et plus abondante que celle qu'ils auraient dans la tribu, ce qui, à cet âge, influe favorablement sur leur développement physique.

Il résulte de ces considérations que le service militaire ne devrait être imposé aux indigènes que de 18 à 40 ans, soit 22 classes au lieu de 25.

En tablant sur ces données, et en portant à 20 p. 100, au lieu de 15 p. 100 le déchet, nous obtiendrions encore (voir tableau n° 2) :

1° Armée active. .... 59.292 hommes.
2° Réserves (différentes catégories)............ 375.516   —

                         Total égal................... 434.808 hommes.

Fixation de la durée du service actif.

La détermination de la durée du service des indigènes doit découler de la nécessité de former une troupe instruite pouvant rendre des services en campagne.

Or, si l'on admet, qu'à la rigueur, on peut former en deux ans un bon soldat français, l'expérience a prouvé qu'il fallait près de deux ans et demi pour former un bon tirailleur indigène. Ce laps de temps paraît indispensable parce que l'instructeur se trouve en présence d'une nature inculte, ne connaissant pas notre langue et ne possédant pas, comme la recrue française, la notion de la discipline militaire.

La conséquence de cette constatation, c'est que la limite inférieure du service militaire des indigènes ne doit pas descendre au-dessous de trois ans, si l'on veut constituer de solides régiments et préparer d'excellentes réserves.

C'est par suite de ces considérations que les indigènes tunisiens, astreints autrefois à deux ans de service seulement, en accomplissent maintenant trois, en exécution du décret beylical du 26 décembre 1899.

Des tempéraments à apporter au service militaire obligatoire des indigènes.

1° *Remplacement.*

Parmi les tempéraments à apporter à cette loi, le plus important est le remplacement.

Le service militaire obligatoire et personnel, qu'au nom de l'égalité de tous les citoyens devant la loi, nous avons adopté en France, ne convient pas à la société arabe, qui a certains côtés de ressemblance avec la société féodale du moyen âge.

Il existe parmi les Arabes, sinon des castes, du moins certaines classes, jouissant soit à titre d'origine (cheurfa) (1) ou prétendus descendants de Fathma, la fille du Prophète et de son oncle Ali, soit à titre héréditaire, (djouad) descendants de familles illustres, soit à titre religieux (marabouts), d'une influence considérable sur leurs coreligionnaires. C'est la noblesse arabe.

____

(1) Pluriel de Chérif.

Généralement plus éclairés que les fellahs (paysans), il est à prévoir qu'ils feraient une sourde opposition à l'application de cette loi, si nous ne leur laissions une porte ouverte à la faveur.

Les trois classes de la noblesse arabe croiraient déchoir, en voyant leurs fils soumis aux mêmes obligations de service que le simple fellah. Ces sentiments d'un autre âge qui ne se manifestent plus en France, où toutes les classes de la société considèrent comme un honneur de servir la patrie, sont tellement ancrés dans ce peuple, qu'on commettrait une faute grave en n'en tenant pas compte.

Nous admettrons donc, en principe, que le remplacement sera admis pour les indigènes, mais dans une proportion déterminée que nous fixons à 1/10 du contingent annuel appelé, au maximum, afin qu'il ne porte pas trop atteinte au principe de la formation des réserves qui est le corollaire de cette loi.

D'aucuns objecteront sans doute qu'en consacrant une pareille inégalité dans l'obligation du service militaire, nous nous priverons du concours de la population indigène la plus éclairée.

Nous avons déjà indiqué un moyen qui l'atténuera beaucoup, celui réservant, à l'avenir, les emplois civils à ceux seulement qui auront accompli les trois années de service obligatoire.

D'autre part, au point de vue de la valeur des troupes indigènes, nous n'y perdrons rien. N'est-ce pas le paysan qui forme en France la charpente saine et robuste de nos beaux régiments? Il en sera de même en Algérie, où le fellah remplira avantageusement le même rôle.

Au surplus, le remplacement a existé en France jusqu'en 1872; il existe encore en Espagne et en Turquie sous le déguisement d'exonération à prix d'argent d'une

très grande partie du service militaire. Enfin, et surtout, il existe en Tunisie, pays se trouvant sous ce
rapport dans les mêmes conditions que l'Algérie et devant, par suite, nous servir de guide.

2° *Dispenses.*

a) Pour études religieuses, judiciaires et administratives.

L'article 36 du décret du 12 janvier 1892, modifiant
la loi beylicale du 7 février 1860, accorde la dispense
du service militaire à douze catégories de jeunes gens
poursuivant des études en vue d'obtenir un emploi dans
l'instruction publique, les fonctions religieuses, judiciaires et administratives.

C'est, en somme, l'application à ces catégories de
l'article 23 de la loi du 15 juillet 1889, avec cette différence que les premiers ne font aucun service.

Nous pensons qu'il y a lieu de maintenir cette faveur
aux seuls élèves des médersas et des cours normaux
d'instituteurs indigènes, qui, à l'âge de 26 ans, auront
obtenu les diplômes et seront pourvus d'un emploi ré-
tribué sur les fonds de l'Etat, des départements ou des
communes.

Cette dispense ne s'appliquera, du reste, qu'à un petit
nombre de sujets, car les trois médersas d'Algérie, n'ont
donné en 1899-1900 l'enseignement qu'à 164 élèves,
et le cours normal d'Alger-Bouzaréa à 35 élèves indigènes seulement (Procès-verbaux des délibérations du
conseil supérieur du gouvernement en 1900).

b) A titre de soutien de famille.

La loi turque du 27 sefer 1304 (25 novembre 1886), prévoit les dispenses à titre de soutien de famille, qui ont été admises presque dans tous les pays comme les plus intéressantes. Cependant, la loi beylicale tunisienne n'accorde à cette catégorie que des ajournements successifs qui se traduisent généralement au bout de trois ans par des dispenses de fait.

Cette manière d'opérer présente des avantages incontestables chez un peuple polygame dont la situation de famille est sinon impossible du moins fort difficile à déterminer.

Elle permet de réparer une erreur, sans léser les intérêts des familles. Nous pensons qu'elle doit être appliquée en Algérie comme en Tunisie.

3° *Ajournements.*

En dehors du cas prévu au paragraphe 2 ci-dessus, seront ajournés deux années de suite à un nouvel examen de la commission de revision les jeunes gens reconnus d'une complexion trop faible. Au troisième examen, ils seront ou définitivement exemptés ou incorporés pour accomplir trois années de service, si leur numéro de tirage au sort les place dans le contingent appelé.

CHAPITRE V

ORGANISATION DU SERVICE DU RECRUTEMENT DES INDIGÈNES

Contrairement à l'organisation en France d'un bureau de recrutement par subdivision de région, il n'existe en Algérie qu'un bureau de recrutement par division.

En soumettant à la conscription les indigènes algériens, une nouvelle organisation s'impose. Les bureaux de recrutement divisionnaires s'occupant exclusivement du contingent français continueront à fonctionner dans les mêmes conditions. Mais, pour le contingent indigène, il sera nécessaire de créer des bureaux de recrutement subdivisionnaires absolument distincts, soit dix bureaux, un par subdivision, ayant à leur tête un capitaine secondé par un sergent et le nombre de secrétaires reconnu indispensable, d'après l'effectif. Les bureaux de recrutement des subdivisions d'Alger, d'Oran et de Constantine auront, en outre, chacun à leur tête, un chef de bataillon chargé auprès du général commandant la division de la centralisation du recrutement des indigènes.

Division de l'Algérie en circonscriptions de recrutement.

Pour le bon fonctionnement de la conscription des indigènes, il est nécessaire de partager le territoire en circonscriptions de recrutement.

Ces circonscriptions doivent être indépendantes des circonscriptions administratives.

Elles doivent avoir pour base la tribu et englober tout le territoire civil et militaire, sauf les régions du Sahara nouvellement annexées (Touat, Gourara et Tidikelt), si l'on veut éviter que certaines tribus nomades, n'abandonnent leur campement pour se retirer dans le sud et échapper ainsi à la conscription.

Il devra donc être créé une ou plusieurs circonscriptions de recrutement par tribu, suivant leur importance. On devra soigneusement éviter de réunir sur le même point pour les opérations du tirage au sort et de la révision les hommes de deux ou plusieurs tribus différentes. Cette précaution est nécessaire pour éviter des conflits possibles entre gens de différentes tribus chez lesquels sommeillent souvent des rivalités et des haines séculaires. Pour la même raison, les souks ou marchés arabes fréquentés par les indigènes des différentes tribus ne devront jamais être choisis comme points de réunion du contingent.

Formation du contingent indigène algérien.

On peut se demander s'il est bien nécessaire de recourir à la conscription pour la formation d'un contingent indigène annuel. Si on n'envisageait que le service actif, il serait certainement préférable d'opérer par réquisition ou prélèvement du nombre d'indigènes nécessaires qui seraient fournis au prorata de la population indigène des tribus. On obtiendrait ainsi la quantité demandée, mais l'âge des individus varierait de 18 à 40 ans, ce qui entraverait la formation des réserves indigènes qui est adéquate à celle du contingent annuel. Or, pour assurer la fixité de ces dernières, il est indispensable de prendre pour base la conscription à laquelle seraient soumis tous les indigènes à un âge déterminé.

Nous nous inspirerons pour les moyens à employer de la loi beylicale tunisienne en l'adaptant à l'organisation administrative de l'Algérie.

Commissions chargées de la révision et du tirage au sort du contingent indigène.

Les conseils de revision tels qu'ils fonctionnent en France et en Algérie pour le contingent français, ne sauraient, à notre avis, être employés pour les indigènes sans de graves inconvénients. Indépendamment des dépenses considérables qu'occasionnerait le déplacement des fonctionnaires et officiers qui le composent, une absence trop prolongée de ces derniers entraînerait une grande perturbation dans les différents services.

Ils continueront donc à fonctionner comme précédemment pour le contingent français, dont les opérations de révision seront absolument distinctes de celles des indigènes.

Ces dernières seront exercées comme en Tunisie par des commissions de revision et de tirage au sort composées d'un officier français, du grade de capitaine au moins, président, d'un conseiller de préfecture, ou à défaut d'un fonctionnaire civil de l'ordre administratif, désigné par le préfet, et d'un notable indigène, pris autant que possible parmi les officiers indigènes retraités, désigné par le gouverneur général, sur la proposition de l'autorité militaire, membres civils, ayant tous les trois voix délibérative.

Chaque commission sera assistée d'un médecin militaire, d'un interprète assermenté et d'un sous-officier de recrutement chargé des écritures.

Il sera formé une commission dans chaque subdivision.

Recensement.

Tous les jeunes gens ayant atteint l'âge de 18 ans au 31 décembre de l'année seront, dans le courant du mois de décembre, inscrits dans chaque douar ou fraction, sous la direction des maires, administrateurs, et officiers des affaires indigènes et par les soins des adjoints indigènes, des ouakafs et des cheïkhs, sur des tableaux de recensement établis en double expédition.

Ces tableaux indiquant pour chaque recensé son nom patronymique, son nom particulier, sa filiation, la date de sa naissance et sa profession, seront soigneusement vérifiés par les maires ou les administrateurs en territoire civil, par les chefs des bureaux arabes en territoire militaire et approuvés par le préfet ou les sous-préfets dans le premier cas et par le général commandant la division, préfet du territoire de commandement, dans le second. Ils seront publiés dans les communes et les douars ou fractions dans le courant du mois de janvier.

Une expédition de ces tableaux, dûment certifiée, sera adressée le 1ᵉʳ février au plus tard aux commandants des bureaux de recrutement subdivisionnaires.

Au moyen de ces tableaux, ces officiers établiront un carnet de tournée de revision, prépareront et enverront les bulletins individuels de convocation indiquant le jour, l'heure et le lieu de réunion devant la commission de revision.

Tirage au sort.

Le tirage au sort qui existe encore dans notre loi du 15 juillet 1889, n'a de raison d'être qu'autant que l'obligation du service actif n'est imposée qu'à une partie du contingent, afin de remettre à l'aveugle destinée le soin d'indiquer dans quel ordre on devra y puiser.

Ce tirage s'impose donc pour le contingent indigène algérien, dont vraisemblablement on ne prendra jamais qu'une partie.

Toutefois, il conviendra de l'employer d'une façon plus rationnelle. Il devra être effectué simultanément avec la revision, mais après constatation de l'aptitude physique et porter uniquement sur les jeunes gens reconnus aptes au service, déduction faite de ceux exemptés pour inaptitude physique, dispensés ou ajournés.

Faut-il comme en Turquie et en Tunisie, soumettre les jeunes gens non appelés sous les drapeaux à de nouveaux tirages au sort, pendant toute la durée du service actif des hommes de leur classe?

Un principe établi par la loi turque de 1843, et encore en vigueur, soumet pendant toute la durée du service actif (Nizam), six ans, les hommes non appelés sous les drapeaux, au tirage au sort. Ces dispositions ont été adoptées par la loi beylicale tunisienne, où les jeunes gens non incorporés sont encore soumis pendant trois ans (19, 20 et 21 ans) au tirage au sort.

Cette manière d'opérer offre l'avantage suivant, dans ces pays, où l'état-civil n'est pas tenu d'une façon régulière, de pouvoir faire un triage parmi les jeunes gens susceptibles d'être appelés sous les drapeaux, mais il présente le grave inconvénient d'agir arbitrairement, en laissant pendant des années les intéressés dans l'incertitude sur leur situation militaire.

Aussi nous pensons qu'il ne doit pas être appliqué en Algérie, où l'état civil des indigènes est assez avancé et l'organisation assez forte pour nous permettre sur ce point, la formation du contingent annuel dans les mêmes conditions qu'en France.

Opérations des commissions de révision et de tirage au sort.

Il importe de fixer la date de ces opérations avant l'époque des moissons, auxquelles presque tous les indigènes prennent part. Elle devra, en conséquence, être comprise entre le 1er mars et le 31 mai.

Au jour fixé, les maires, administrateurs, adjoints indigènes et ouakafs, en territoire civil, les chefs des bureaux arabes, les caïds et les cheïkhs, en territoire militaire, porteurs des minutes des tableaux de recensement et assistés de leurs kodjas, réuniront au lieu indiqué les indigènes inscrits.

La commission de revision constatera d'abord l'aptitude physique des jeunes gens, et rayera des tableaux de recensement, comme exemptés, ceux reconnus impropres au service armé; elle prononcera l'ajournement de ceux reconnus faibles et statuera sur le vu de documents authentiques sur les cas de dispense et d'ajournement prévus par la loi.

Cette opération terminée, elle procedera séance tenante au tirage au sort entre les inscrits reconnus aptes au service, non compris ceux dispensés ou ajournés. En cas d'absence d'un inscrit, il sera passé outre, l'adjoint indigène ou le cheïkh prendra dans l'urne un numéro qui sera assigné au manquant. Le numéro de tirage sera au fur et à mesure inscrit dans une colonne *ad hoc* des tableaux de recensement.

Un procès-verbal des opérations sera dressé au pied des tableaux de recensement et signé par tous les membres de la commission.

Une expédition de ces tableaux sera envoyée, suivant le cas, au préfet du département ou au général commandant la division et l'autre adressée sans retard au commandant du bureau de recrutement subdivisionnaire chargé de l'établissement du registre matricule.

Fixation du prix de remplacement.

Les demandes de remplacement seront reçues jusqu'au 1er septembre, terme de rigueur, sur la présentation : 1° d'un indigène non lié au service, et reconnu apte au service armé dans les formes usitées aujourd'hui pour les engagements des indigènes avec prime. Cet indigène, s'il a déjà servi, devra être porteur de son livret individuel et de son certificat de bonne conduite. Dans tous les cas, il devra produire un certificat de bonne vie et mœurs; 2° du récépissé du versement au Trésor de la somme fixée annuellement pour le remplacement.

Un arrêté du gouverneur général fixera chaque année le prix de remplacement.

Ce prix, comme cela a lieu en Tunisie, ne sera pas intégralement remis au remplaçant (1), qui, dans aucun cas, ne pourra recevoir une somme supérieure à celle allouée aux engagés volontaires avec prime, soit pour trois ans, 300 francs.

Comme il importe, d'autre part, que cette somme ne soit pas trop faible, afin de maintenir le nombre des remplacements dans les limites fixées par la loi (1/10), il conviendra de la porter à 450 ou 500 francs, de façon

---

(1) La décision du conseil des ministres et chefs de service du bey de Tunis du 29 novembre 1901 a fixé à 800 francs le prix du remplacement, dont 700 francs seulement sont payés au remplaçant en trois fois, savoir : 400 francs au moment de l'incorporation, 200 francs après la première année de service et 100 francs après la deuxième année.

que l'excédent couvre les frais des commissions de revision et autres dépenses du recrutement des indigènes, parmi lesquelles nous prévoyons une indemnité aux chefs indigènes qui auront le mieux établi leurs tableaux de recensement et réuni leur contingent.

Mise en route du contingent.

Une décision ministérielle fixera annuellement le contingent indigène à fournir et la date de sa mise en route, qu'il nous paraît avantageux de fixer au 1er octobre.

Le nombre d'hommes à prélever dans chaque tribu, en suivant l'ordre des numéros de tirage, sera déterminé sur cette base, et des ordres d'appel sous les drapeaux, établis par les commandants des bureaux de recrutement subdivisionnaires, indiquant le jour, l'heure et le lieu de réunion, seront envoyés aux adjoints indigènes et cheïkhs, pour être remis aux intéressés contre récépissé.

Ces jeunes soldats ne rejoindront pas, comme en France, directement leur corps d'affectation, car ils n'auront généralement pas les moyens de le faire, tant en raison du manque de ressources pécuniaires suffisantes que de l'éloignement et du défaut de voies de communication rapides.

Ils seront conduits aux jour et heure indiqués par les maires ou administrateurs, les adjoints indigènes, les ouakafs, les chefs des bureaux arabes, les caïds et les cheïkhs, aux points de concentration indiqués par leur ordre d'appel, autant que possible, près d'une gare de chemin de fer où viendront les prendre des cadres de conduite envoyés par les corps.

Cette opération s'effectue sans la moindre difficulté en Tunisie, où il suffit d'un officier, deux sergents, quatre caporaux et un tambour ou clairon, pour conduire au régiment, dans le plus grand ordre, 100 à 200 jeunes soldats indigènes.

Nous avons la ferme conviction qu'il en sera de même en Algérie.

Recherche des réfractaires et insoumis.

Les réfractaires et insoumis seront recherchés par les soins de la gendarmerie, des maires et administrateurs, secondés par les adjoints indigènes et les ouakafs, en territoire civil, des chefs des bureaux arabes, avec le concours des caïds et des cheïkhs, en territoire de commandement.

Ceux arrêtés seront traduits devant le conseil de guerre, et incorporés d'office. Ils ne subiront la peine encourue qu'à l'expiration des trois années de service.

Un moyen de réduire considérablement les insoumissions consistera à appeler sous les drapeaux, dans chaque douar, en suivant l'ordre des numéros de tirage au sort, le nombre de réfractaires du douar.

Cette mesure, en assurant la fixité de l'effectif du contingent annuel appelé, aura encore l'avantage d'intéresser les douars et les tribus à l'arrestation des réfractaires, qui, l'expérience le prouvera, ne seront jamais qu'en très petit nombre.

CHAPITRE VI

ORGANISATION

Dans quelle proportion minimum devrait-on puiser dans le contingent annuel pour la formation des réserves indigènes ?

Nous avons vu que le rendement annuel du contingent indigène s'élève à 24.705 hommes. En tenant compte de l'accroissement de la population qui dépasse 60.000 âmes par an, nous fixerons en chiffres ronds à 25.000 hommes ce rendement.

Si nous voulons constituer une force solide, capable d'une part de laisser disponibles pour une autre destination les troupes indigènes actuellement existantes, et, d'autre part, d'assurer la formation des réserves, nous devrons prendre, dès le début, au moins 10.000 hommes, soit les 2/5 du contingent annuel.

Nous aurons ainsi sous les drapeaux, trois classes de 10.000 hommes, soit 30.000 hommes.

Formation des réserves indigènes.

Pour la formation des réserves indigènes, il faut tenir compte :

1° Du principe du remplacement, que nous avons fixé au 1/10 du contingent appelé sous les drapeaux;

2° Du nombre de soldats indigènes libérés du service après trois ans, et qui demanderont à se rengager avec prime. Nous évaluons ce nombre à 1/10 du contingent, persuadés d'être au-dessous de la vérité.

Donc 2/10 du contingent échapperont, en partie, à la formation des réserves.

Nous ne devons par suite tabler que sur les 8/10 du contingent annuel, soit 8.000 hommes par an pour cette formation.

Les 19 classes des différentes catégories de réserve fourniront par suite 8.000 × 19 =... 152.000 hommes.

En déduisant le déchet évalué largement à 20 p. 100, soit................ 30.400   —

Nous obtiendrons. . . .. 121.600 hommes.

Ainsi l'armée active comprendra.... 30.000 hommes.
Les différentes catégories de réserve
fourniront. . . . . 121.600   —

TOTAL...... 151.600 hommes.

Soit, en chiffres ronds, 150.000 hommes.

Administration, affectation et appels des réserves indigènes.

Les réservistes indigènes seront administrés par les bureaux de recrutement subdivisionnaires.

Ils seront affectés aux corps de troupe dans lesquels ils auront servi et soumis à l'obligation de faire viser leur livret individuel par la gendarmerie, en cas de changement de résidence ou de domicile.

Ils seront astreints à l'accomplissement de deux périodes d'exercices de 28 jours, dont la première aura lieu dans le cours de la quatrième année qui suivra leur libération du service actif.

Quant à la deuxième période, elle sera laissée à la disposition de l'autorité militaire, qui pourra, en cas de besoin, les appeler à une époque quelconque de la durée de leur service dans la réserve.

Nous attachons à cette mesure une grande importance ; elle permettra d'appeler, à un moment donné, sans bruit, tous les réservistes indigènes sous les drapeaux.

Il ne nous paraît pas indispensable d'organiser, comme pour le contingent français, différentes catégories de réserve (réserve de l'armée active, armée territoriale, réserve de l'armée territoriale). Mais, dans tous les cas, les réservistes indigènes ne devront être appelés que par classes, et en commençant par les moins anciennes.

Il serait même désirable qu'on étendît à la Tunisie, l'obligation du service des indigènes dans la réserve, qui n'existe pas encore dans ce pays de protectorat, bien que longtemps avant la France, par la loi de 1843, la Turquie ait organisé ses réserves. (Rédif.)

Encadrement des réserves indigènes.

Pour l'encadrement des 120.000 hommes des réserves indigènes, qui devra être organisé dès le temps de paix, il est indispensable d'y faire concourir les officiers, sous-officiers, caporaux et brigadiers indigènes admis à la retraite proportionnelle ou pour ancienneté de services. A cet effet, comme cela a lieu en France, ils seraient maintenus pendant cinq ans à dater du jour de leur admission à la retraite, à la disposition du ministre de la guerre. En retour de cette obligation, ils recevraient la naturalisation au premier degré, réduite aux droits civils.

Le cadre français serait fourni par l'excédent que peut offrir l'Algérie, et, à défaut, par prélèvement en France parmi les officiers, sous-officiers, caporaux et brigadiers de réserve ou de l'armée territoriale ayant servi dans les corps de troupe d'Afrique. Ces derniers recevraient une lettre de service leur prescrivant de rejoindre le port d'embarquement dès le premier jour de la mobilisation.

On procéderait d'abord par le dédoublement des cinq régiments de tirailleurs et de spahis et des unités de l'artillerie, du génie, du train et des sections, au moyen des quatre plus jeunes classes de la réserve, qui constitueraient le premier ban.

Des unités seraient formées dès le temps de paix avec les éléments des quinze autres classes disponibles organisés en compagnies, bataillons, escadrons et sections, et rattachés pour l'administration aux corps actifs qui tiendraient à jour les répertoires de ces réservistes.

Répartition du contingent indigène annuel.

Jusqu'à ce jour, les indigènes n'ont été affectés qu'à deux armes (tirailleurs et spahis); mais, déjà, on se préoccupe d'en affecter un certain nombre à l'artillerie, au train des équipages et aux sections (1).

Non seulement nous ne voyons aucun inconvénient à cette mesure, mais, au contraire, des avantages résultant d'une meilleure utilisation de leurs aptitudes particulières. L'indigène est l'homme de la consigne. Esprit peu apte à embrasser l'ensemble des choses, il excelle, au contraire, dans les détails quand on les lui a appris. Il devient alors un véritable chronomètre.

D'après ces considérations, voici comment, à notre avis, devrait se faire la répartition des 10.000 hommes du contingent indigène algérien :

---

(1) Le décret du 10 avril 1903 ouvre aux indigènes les engagements et les rengagements dans ces corps dans les mêmes conditions qu'aux tirailleurs et aux spahis.

1° Infanterie (tirailleurs).	8.000	hommes.
2° Cavalerie (spahis).	1.300	—
3° Artillerie (conducteurs et servants)..........	100	—
4° Génie (terrassiers et ouvriers d'art).........	50	—
5° Train des équipages militaires...............	200	—
6° Sections d'administration.	100	—
7° Sections d'infirmiers.	100	—
8° Armée de mer (équipages de la flotte)......	150	—
Total égal..................	10.000	hommes.

Organisation de nouveaux corps de troupes indigènes.

D'après cette répartition, on pourrait organiser avec les trois contingents :

1° 5 nouveaux régiments de tirailleurs à 6 bataillons de 800 hommes chacun, non compris les cadres, soit..............................	24.000	hommes.
2° 5 nouveaux régiments de spahis à 6 escadrons de 130 hommes chacun, non compris les cadres, soit.	3.900	—
3° Indigènes affectés à différents corps et services, savoir :		

1° *Armée de terre.*

Artillerie.	300	—
Génie.	150	—
Train des équipages.....................	600	—
Sections d'administration.	300	—
Sections d'infirmiers	300	—

2° *Armée de mer.*

Baharia (équipages de la flotte)...............	450	—
Total..................	30.000	hommes.

Les nouveaux corps de troupe seraient organisés sur le même pied que les anciens, sous le rapport des cadres. La proportion des officiers, sous-officiers et caporaux ou brigadiers indigènes, telle qu'elle est déterminée par la loi du 13 mars 1875 sur la constitution des cadres et effectifs de l'armée modifiée, en ce qui concerne les spahis, par le décret du 1er mai 1897, et par la loi du 9 février 1899, pour les tirailleurs, serait respectée.

Chaque compagnie recevrait, comme dans les anciens corps, dix soldats français mais tous rengagés, et chaque escadron cinq cavaliers pris, autant que possible, parmi les corps de troupe d'Afrique et appelés à occuper certains emplois spéciaux et à fournir dans la suite le cadre français. Ces rengagés devront être choisis avec le plus grand soin, car ils seront, à tous les points de vue, les moniteurs des indigènes, avec lesquels ils seront continuellement en contact, et dont ils connaîtront mieux l'état d'âme que les gradés eux-mêmes, qu'ils pourront renseigner à cet égard.

Pour la première formation seulement, il sera indispensable de verser dans chaque compagnie dix et dans chaque escadron cinq soldats indigènes, rengagés avec prime, qui serviront de moniteurs et d'interprètes aux jeunes soldats, et fourniront ensuite le cadre indigène.

Quant aux jeunes soldats indigènes affectés aux autres corps et services, il sera nécessaire de les grouper par escouades, afin de leur permettre de faire ordinaire à part et éviter ainsi de les obliger à manger une nourriture prohibée par le Coran.

Troupes d'Algérie devenues disponibles par suite de cette nouvelle organisation.

La nouvelle organisation rendra disponibles, sans affaiblir les effectifs de défense de l'Algérie, 30.000 hommes des corps de troupe existant actuellement.

Nous allons examiner dans quelles proportions on pourrait y toucher, sans rien désorganiser, et indiquer la destination qu'on pourrait, à notre avis, donner à ces troupes.

Pour maintenir en Algérie une certaine proportionnalité entre les troupes françaises et les troupes indigenes, il est nécessaire d'employer ailleurs ces dernières actuellement existantes.

L'effectif de ces troupes, y compris les cadres français, est en chiffres ronds de :

1° 3 régiments de tirailleurs...................... 15.650 hommes.
2° 3 régiments de spahis............................. 2.500   —

Total.................. 18.150 hommes.

Nous ne ferons pas entrer dans cette répartition les troupes sahariennes, réorganisées par le décret du 1er avril 1902, qui a fondu les éléments du bataillon de tirailleurs et de l'escadron de spahis sahariens en trois compagnies des oasis sahariennes, comprenant chacune, en dehors des cadres français, 300 indigènes, soit 900 hommes. Ces compagnies sont affectées spécialement à la défense des régions du Sahara nouvellement annexées, où elles recruteront facilement sur place, comme l'expérience l'a prouvé, le nombre d'indigène nécessaire.

Quant aux anciens régiments de tirailleurs et de spahis, ils serviront à constituer en France, sauf un bataillon ou escadron et le dépôt de chaque régiment laissé en Algérie pour le recrutement, une division indigène, et fourniront un certain nombre d'unités aux colonies.

En évaluant :

1° Les 3 bataillons et les 3 compagnies de dépôt des régiments de tirailleurs à.................................. 3.500 hommes.
2° Les 3 escadrons et les 3 dépôts des régiments de spahis à.................................. 650   —

Total.................. 4.150 hommes.

on pourrait envoyer en France et aux colonies, 14.000 hommes, dont 10.000 en France et 4.000 aux colonies.

Les deux régiments de la légion étrangère, ayant un effectif, en chiffres ronds, de 12.700, dont 3.200 servent actuellement aux colonies, on pourrait encore envoyer à ces dernières 5.000 hommes.

Enfin, on pourrait aussi renforcer les effectifs des régiments de la métropole par :

1° La suppression de deux régiments de chasseurs d'Afrique, sur les cinq existant en Algérie, soit 1.800 hommes;

2° La réduction à trois bataillons de chacun des trois régiments de zouaves, qui n'auraient plus que trois bataillons au lieu de quatre en Algérie, à l'effectif de 150 hommes par compagnie, ce qui permettrait de rendre disponibles 4.400 hommes, sur les 9.800 existant actuellement dans la colonie.

Les cadres des régiments et bataillons supprimés seraient versés dans les corps de nouvelle formation;

3° La diminution correspondante à l'effectif des indigènes affectés à l'artillerie, au génie, au train des équipages et aux sections, soit 1.650 hommes.

En récapitulant, nous trouvons ainsi 26.850 hommes laissés disponibles, sur lesquels 7.850 provenant du contingent de la France, seraient rendus à la métropole.

Malgré ces suppressions et nouvelle répartition, l'armée d'Afrique aurait encore un excédent de 3.150 hommes sur les effectifs actuels.

Nous n'avons pas tenu compte dans ces calculs des cadres des régiments de tirailleurs et de spahis.

Ces cadres (voir tableaux nᵒˢ 4 et 5), donnent l'effectif suivant :

1° Par régiment de tirailleurs, 6.234 — 4.800 = 1.434, soit pour 5 régiments. . . . . 7.170 hommes.

2° Par régiment de spahis, 1.209 — 780 = 429, soit pour 5 régiments. . . . . 2.145 —

Total. . . . . 9.315 hommes.

L'excédent total serait donc de 3.150 + 9.315 = 12.465.

On pourra réduire cet excédent à 5.022, en faisant

concourir un régiment de tirailleurs et un régiment de spahis de nouvelle formation, recrutés dans la division de Constantine, soit 6.234 + 1.209 = 7.443 hommes, à la défense de la place de Bizerte, où est détaché actuellement un bataillon de tirailleurs algériens.

Ce port militaire de premier ordre, qui est, sur le littoral de la côte africaine, le pendant de Toulon sur la côte française, verrait ainsi sa défense mieux assurée.

De la proportionnalité entre les troupes françaises et les troupes indigènes de l'Algérie.

De tout temps, on s'est préoccupé en Algérie de la proportionnalité entre les troupes françaises et indigènes.

Bien, qu'à notre avis, cette suspicion, à l'égard de ces dernières, soit peu justifiée et que nous admettions, en principe, que, comme ce qui se passe en Indo-Chine, à Madagascar, sur la côte occidentale d'Afrique et au Soudan, les colonies doivent suffire à leur défense avec leurs propres moyens, nous allons examiner comment, d'après notre projet de réorganisation, se transformerait cette proportionnalité.

Actuellement, les troupes actives chargées de la défense de l'Algérie, comprennent en chiffres ronds :

1° Troupes françaises (y compris 9.400 hommes de la légion étrangère). . ... 36.800 hommes.

2° Troupes indigènes (non compris les 3 compagnies des oasis sahariennes)...................... 18.150 hommes.

soit la proportion de 2 Européens pour 1 indigène.

D'après notre projet de réorganisation, les troupes françaises seraient réduites à 23.950 hommes, tandis que les troupes indigènes seraient portées à 35.700, soit à peu près la proportion de deux Français pour trois indigènes.

On objectera, sans doute, que cette situation pourrait devenir dangereuse en cas de sédition des troupes indigènes.

Nous répondrons qu'il faut bien peu connaître ces troupes pour douter un seul instant de leur fidélité et de leur dévouement lorsqu'elles sont bien encadrées.

Nous citerons, à ce sujet, l'exemple du détachement de tirailleurs indigènes de Touggourt, commandé par le lieutenant indigène Amou ben Mousseli :

Nous étions aux jours les plus sombres de notre histoire militaire (13, 14 et 15 mai 1871), la France foulée aux pieds par les hordes allemandes, l'Algérie en pleine insurrection.

Le lieutenant Amou ben Mousseli, commandait le poste de Touggourt, avec un détachement composé de 2 sergents, dont 1 français, 2 caporaux, et 63 tirailleurs indigènes.

Le chérif Bou Choucha (le chevelu), après la prise d'Ouargla, vint à la tête de nombreux contingents l'assiéger dans ce poste. Après une héroïque résistance, Amou ben Mousseli repoussant les avances de Bou-Choucha, qui lui promettait, s'il se rendait, une situation bien plus avantageuse que celle que lui faisait la France, s'ouvrit un passage de vive force, mais, entouré par une ennemi cent fois supérieur en nombre, il fut massacré avec ses tirailleurs, après une résistance désespérée. Au sujet de ce douloureux événement, nous extrayons de l'historique du 3° régiment de tirailleurs, les réflexions suivantes :

« La mort des 50 braves, qui tombèrent avec le lieutenant *Mousseli*, dans la plaine de Touggourt, est l'un de ces faits historiques si fréquents dans nos guerres d'Afrique, où nos soldats, en petit nombre, pour résister à un ennemi par trop supérieur, préfèrent succomber jusqu'au dernier plutôt que de faillir un seul instant au devoir de sauver l'honneur sans tâche de leur drapeau. Nous n'hésitons pas à dire que cette page malheureuse est digne de celles de Sidi-Brahim et de Beni-Mered, et que la conduite du modeste officier indigène qui sut inspirer à ses hommes un dévouement aussi absolu, n'est pas moins admirable que celle du lieutenant-colonel de Montagnac et du sergent Blandan, et même plus admirable, peut-être, si l'on considère que cet officier combattait pour un pays adoptif, et qu'avant de marcher à la fin glorieuse qui l'attendait, il avait eu à repousser les offres séduisantes d'un personnage qui semblait alors tout puissant. »

Nous manquerions à notre devoir de narrateur impartial, si, à côté de cette glorieuse conduite, nous ne mettions en parallèle la seule défection des troupes régulières indigènes dont nos annales algériennes fassent mention, nous voulons parler de la sédition de la smala d'Aïn-Guettar.

Pour le récit de cet événement, nous laissons la parole à l'historique du 3° régiment de spahis.

Nous sommes au mois de janvier 1871; l'Algérie est presque complètement dégarnie de troupes, rappelées sur les champs de bataille de la métropole.

« Les récits de nos défaites, colportés de bouche en bouche dans les tribus, et habilement exploités par les marabouts, portaient un coup terrible à notre prestige et ranimaient toutes les haines et toutes les espérances.

» Des mesures imprudentes et impolitiques, telles que l'institution du gouvernement civil et la naturalisation en masse des juifs algériens vinrent augmenter la fermentation des esprits; depuis quelque temps déjà les troubles étaient imminents, lorsque la sédition des spahis d'Aïn-Guettar vint donner le signal de l'insurrection et servir de prélude à un soulèvement général...

» Vers le milieu de janvier, le 3⁰ escadron mobile avait été dirigé sur Bône, pour être envoyé en France ; il devait être rejoint par un escadron de marche formé de détachements des 5⁰ et 6⁰ escadrons.

» Cette décision causa un grand mécontentement parmi les spahis des smalas, qui se voyaient obligés de quitter leurs familles et leurs biens pour prendre part à une guerre lointaine et cela contrairement à leur engagement, qui les astreignait seulement au service spécial de l'Algérie ; ceux d'Aïn-Guettar subissaient, en outre, l'influence et les excitations de la tribu turbulente des Hanencha, dont la plupart étaient originaires.

» Aussi, lorsque, le 22 janvier, le capitaine commandant du 5⁰ escadron voulut réunir le détachement désigné pour se rendre à Bône, la plupart des spahis refusèrent catégoriquement de partir, et, méconnaissant l'autorité de leurs officiers, quittèrent la smala, au nombre de 96, et allèrent camper sur le territoire des Hanencha. Ceux-ci se joignirent aux révoltés, bloquèrent le bordj d'Aïn-Guettar et allèrent, le 25 janvier, attaquer la ville de Souk-Ahras. Heureusement, la petite garnison de cette place (130 hommes du 43⁰ mobile), aidée de la milice, les maintint à distance et donna le temps aux secours d'arriver. »

Ces deux événements nous montrent d'une façon particulièrement lumineuse que les troupes indigènes doivent être organisées à l'instar des corps de troupe française ; c'est le cas des tirailleurs qui, sans la moindre indécision, suivront leurs chefs partout où ceux-ci les conduiront, et la condamnation des smalas, troupes attachées au sol avec leurs familles et leurs troupeaux, et qu'on ne peut mobiliser sans inconvénient.

Les smalas ont certainement rendu des services à l'ori-

gine, et sont appelées encore à en rendre dans les territoires de l'extrême-Sud algérien (Sahara), où, en vivant
sur le pays, elles en assureront la tranquillité, mais partout ailleurs elles doivent disparaître.

CHAPITRE VII

UTILISATION DES TROUPES INDIGÈNES

Toute troupe organisée faisant partie de l'armée française doit pouvoir à tout instant être envoyée partout où l'honneur du drapeau est engagé.

Nous admettons donc que les nouveaux corps de troupes organisés par l'application de la conscription aux indigènes n'échapperont pas à cette loi fondamentale.

Toutefois, en raison même de la dualité du recrutement, nous poserons en principe que les indigènes accomplissant leur service obligatoire ne seront dépaysés qu'en cas d'extrême nécessité. Ils constitueront, avec les éléments français, l'armée de défense du sol algérien et tunisien.

Quant aux troupes recrutées à prix d'argent, nous pensons qu'on n'est pas tenu, à leur égard, aux mêmes ménagements. Elles doivent, au contraire, être essentiellement mobilisables et destinées à assurer en partie la défense de notre immense domaine colonial et à former enfin une division indigène ayant son siège en France et prête à toute éventualité.

A cet effet, il convient de remarquer que l'armée coloniale, telle qu'elle est constituée aujourd'hui, si elle peut assurer, en temps de paix, la relève des colonies, est insuffisante en cas d'expédition coloniale, ou seulement d'insurrection grave d'une de nos grandes colonies. Les expéditions du Tonkin, du Dahomey, de Madagascar et de Chine sont encore présentes à notre mémoire, pour nous montrer qu'elles n'ont pu être menées à bonne fin qu'avec le concours des troupes de la guerre. Il en serait encore de même aujourd'hui, en cas de complications.

Or, si l'on se décide à appliquer notre manière de voir, nous aurons toujours sous la main une force capable de faire respecter le drapeau de la République partout où il sera menacé.

Emploi des troupes d'Algérie laissées disponibles par suite de l'application de la conscription aux indigènes.

Comme nous l'avons vu au chapitre précédent, l'application de la conscription aux indigènes laissera disponibles pour la défense de la France et des colonies les troupes suivantes :

1° *Troupes indigènes.*

3 régiments de tirailleurs............... 12.150 hommes.
3 régiments de spahis.................... 1.850   —

TOTAL............ 14.000 hommes.

Ces troupes formeront en France une division indigène de 10.000 hommes et enverront 4.000 hommes servir aux colonies.

On objectera sans doute que de pareilles troupes sont peu aptes à servir en France et aux colonies. Sans méconnaître que dépaysés elles perdent un peu de leur valeur, nous répondrons qu'elles ont déjà fait leurs preuves presque sous toutes les latitudes et que partout, aussi bien en France, pendant l'hiver de l'Année terrible, que sous les tropiques elles ont montré une endurance supérieure à celle du contingent français.

Déjà, vers la fin du second empire, et en récompense

de leur admirable conduite en Italie, des tirailleurs et des spahis ont tenu garnison à Paris, et leur séjour dans la capitale, non seulement n'a présenté aucun inconvénient, mais encore a fait l'admiration des Parisiens, des Provinciaux et des Etrangers, dont l'engouement pour ces belles troupes, au costume si pittoresque, se manifesterait encore aujourd'hui avec plus de chaleur que jamais.

Il serait, du reste, facile d'assigner à ces corps de troupe des garnisons voisines de la Méditerranée, près des ports d'embarquement de Port-Vendres, Cette, Marseille, Toulon et Nice, où les conditions climatériques sont sensiblement identiques à celles du littoral algérien.

D'autre part, les colonies françaises ont presque toutes un climat analogue, sinon plus chaud que celui de l'Algérie. Aussi, ces troupes sont naturellement désignées pour y tenir garnison. Elles ont déjà à différentes reprises, donné la mesure de leur endurance dans ces régions.

Cette répartition permettrait, en outre, de réduire de 4.000 le nombre des soldats rengagés des troupes coloniales qui seraient utilisés dans les corps de troupes de la guerre.

2° *Légion étrangère.*

La légion étrangère est, par excellence, une troupe coloniale. Nous lui emprunterons encore, comme nous l'avons dit, 5.000 hommes pour servir aux colonies en sus des 3.200 environ qui y sont actuellement.

Cette ressource permettra de supprimer les 5.000 hommes appelés du contingent français (mauvais numéros) qui sont affectés encore aux troupes coloniales et qui viendront renforcer les effectifs des régiments de la métropole.

3° *Troupes françaises.*

Enfin, 7.850 hommes des corps de troupe française d'Algérie seront, comme nous l'avons vu, rendus disponibles et augmenteront d'autant le contingent des corps de troupe de France.

Troupes de défense de l'Algérie.

Nous avons admis, en principe, que les colonies doivent pourvoir à leur défense avec leurs propres moyens.

Il convient donc d'examiner quelles sont les ressources militaires de l'Algérie, en dehors de l'élément indigène, sur lequel nous sommes déjà fixés.

Le contingent français de l'Algérie oscille entre 3.000 et 3.600 hommes soit en moyenne 3.300 hommes. Ces hommes n'étant astreints jusqu'à ce jour qu'à une année de service actif, il s'ensuit que si l'on maintient les effectifs du temps de paix existant actuellement et reconnus indispensables, la métropole ne fournira plus à l'armée d'Afrique que $19.550 - 3.300 = 16.250$ hommes.

En dehors de ces hommes, la colonie ne doit compter que sur ses propres ressources, car rien de moins sûr, en cas de guerre continentale, que la mer soit libre pour permettre le transport des troupes de France en Algérie et vice-versa.

Dans cette éventualité, nous allons indiquer combien d'hommes pourrait mettre sur pied l'Algérie, laissée, pour sa défense, à ses propres moyens :

1º Troupes indigènes :
  1º Armée active :
    Dépôts des anciens corps............ 4.150 hommes.
    Corps de nouvelle formation....... 31.800 —
  2º Réserves. . . .. 120.000 —
2º Légion étrangère. .... 4.400 —
3º Troupes françaises :
  1º Armée active. .... 19.550 —
  2º Réserve de l'armée active............... 27.100 —
  3º Armée territoriale. .... 10.700 —
  4º Réserve de l'armée territoriale........ 9.300 —
  5º Hommes de 45 à 50 ans................. 3.000 —

               Total................. 230.000 hommes.

Nous n'avons pas tenu compte dans ce calcul des 5.000 hommes des services auxiliaires qui seraient également appelés à la mobilisation, ni des 7.443 hommes détachés à Bizerte.

On peut donc compter sur 230.000 hommes pour la défense du territoire algérien.

On observant que l'Algérie, en raison de sa situation géographique, ne peut être abordée que par mer, et que son réseau de voies ferrées parallèle au littoral, avec des voies de pénétration à l'intérieur, permettra une concentration rapide de toutes ces forces sur un point déterminé, ce nombre est plus que suffisant pour assurer envers et contre tous l'inviolabilité de son territoire et jeter à la mer l'imprudent ennemi qui oserait tenter une invasion.

Comment devraient être utilisées en campagne les troupes indigènes.

D'après notre projet de réorganisation, nous avons vu qu'une partie des troupes indigènes actuellement existantes, soit 10.000 hommes, servirait à former en France, une division indigène.

Ces troupes, qui ne comprennent que l'infanterie (tirailleurs) et la cavalerie (spahis) seraient complétées par l'adjonction de l'artillerie et des services accessoires nécessaires, de manière à constituer une division indigène avec tous ses éléments.

Cette division serait, à notre avis, appelée à jouer un rôle prépondérant, en cas de guerre continentale, ou d'expédition coloniale. Mais, avant d'indiquer la mission spéciale qui devrait lui être assignée sur le champ de bataille, il nous paraît nécessaire de rappeler comment ces troupes ont été utilisées pendant la guerre de 1870-1871.

A cet effet, nous relevons sur les historiques des 3e tirailleurs et 3e spahis, les épisodes suivants :

1° 3e tirailleurs (bataille de Freschwiller).

« Il était 11 h. 30, le colonel Gandil, que nous avons laissé sur l'extrême-droite avec une partie du 2e bataillon, voit le manque d'unité de notre action et les progrès des assaillants. Une attaque vigoureuse est indispensable, si l'on veut empêcher ceux-ci de prendre pied sur la rive droite de la Sauerbach. Il n'a avec lui que trois compagnies (1re, 2e et 3e); il les forme en bataille, s'élance à leur tête, et, d'un bond irrésistible, se rue sur la colonne ennemie qui, immédiatement, rétrograde en désordre vers le pont de Günstett. Tout plie, tout cède devant cette charge à fond; les tirailleurs franchissent le pont à la suite des Prussiens, poursuivent ceux-ci, la baïonnette dans les reins, les refoulent jusqu'aux premières maisons de Günstett; mais là, épuisés par l'effort héroïque, surhumain, qu'ils viennent de fournir, assaillis par le feu qui part du village, ils doivent s'arrêter, puis céder à leur tour et repasser le pont pour venir se reformer en arrière et mettre un peu d'ordre dans leurs rangs, qui viennent d'être complètement décimés.. Ce mouvement avait été appuyé directement par quelques compagnies du 56ᵉ et plus à gauche par les deux autres bataillons de ce régiment, sous les ordres du lieutenant-colonel Barrué. Il eût pour résultat de suspendre momentanément l'attaque du XIᵉ corps prussien et de maintenir pendant une heure au moins, celui-ci sur la rive gauche de la Sauerbach. »

2° Eclaireurs algériens (armée de la Loire, janvier 1871).

« A Ambloy, par exemple, une vingtaine de spahis à pied arrêtèrent court un escadron du 3ᵉ cuirassiers. L'infanterie dût prendre le village; il en fut de même à Wilthiou. Sur tout le front de cette longue ligne, on entendait constamment des coups de feu, et ce n'était en somme qu'un escadron d'éclaireurs algériens qui tenait en échec notre nombreuse cavalerie.

» Ces Arabes faisaient preuve d'une grande adresse pour tromper et inquiéter l'ennemi. Souples et exercés au tir, aussi bien à pied qu'à cheval, ils étaient bien supérieurs à nos cavaliers. Pendant les journées des 5, 6, 7, 8 et 9 janvier, ils étaient partout et nulle part, et, lors de la prise de Château-Renault, les cavaliers se défendirent avec leur fusil, jusqu'à ce qu'on le leur eût arraché... Nous n'ajouterons rien à ces lignes, qui, écrites par un ennemi, constituent le plus bel éloge que l'on puisse faire des spahis (1). »

Cette appréciation élogieuse de nos spahis nous remet en mémoire l'exclamation suivante poussée par un officier général, inspecteur de cavalerie, que nous accompagnions dans un poste du Sud-Algérien, à la vue des étonnants exercices exécutés dans une fantasia par les spahis et les goumiers, se dressant debout sur la selle

---

(1) Capitaine Fritz Hœnig (Uber die Bewaffnùng Aùsbildùng, Organisation ùnd Verwendùng der Reiterei).

de leurs chevaux lancés au galop de charge et saluant du sabre ou tirant des coups de fusil dans toutes les directions en passant devant le général, puis se remettant en selle et arrêtant net leur monture : « Décidément, ces gens-là nous sont supérieurs! Voilà, le vrai cavalier, qui n'a pas besoin de ses mains pour diriger sa monture, et qui a ses bras libres pour manier ses armes! ».

Il résulte des aptitudes particulières des tirailleurs et des spahis, que les premiers peuvent fournir une troupe de choc incomparable.

Quelle que soit la prépondérance du feu, dans les futures batailles, il arrivera fatalement un moment ou, par suite du manque de munitions chez l'ennemi, ou de la nécessité de protéger un mouvement rétrograde, il sera indispensable de jeter sur lui une troupe de choc capable de provoquer sa retraite ou d'arrêter son offensive.

Les tirailleurs, maintenus dans la main du général en chef, jusqu'à ce moment psychologique, seront alors lancés, baïonnette basse sur l'ennemi, et, comme la vieille garde dans les grandes batailles du Premier Empire, ils donneront au moment décisif le coup de massue et fixeront la victoire à nos drapeaux.

Les spahis, quoique particulièrement aptes au rôle d'éclaireurs, ne le cèdent en rien aux tirailleurs pour le choc; ils contribueront, en outre, puissamment à la poursuite de l'ennemi, et changeront sa retraite en véritable déroute.

CHAPITRE VIII

MOYENS MORAUX ET MATÉRIELS A EMPLOYER POUR ACTIVER L'ASSIMILATION DES INDIGÈNES ET LA PROSPÉRITÉ DE L'ALGÉRIE.

Nous avons indiqué, dans le chapitre Ier les avantages moraux et matériels qui seraient réservés aux seuls indigènes ayant satisfait aux obligations de la loi sur la conscription, ainsi que l'influence ·de cette loi sur l'assimilation des indigènes.

Il nous reste maintenant à rechercher les moyens que nous pourrions employer pour activer cette assimilation qui doit être l'objet constant de nos efforts et pour améliorer le bien-être matériel de ce peuple, tout en développant la prospérité de l'Algérie.

Cette tâche n'est pas au-dessus des forces de la grande nation qui a porté à travers le monde le flambeau rayonnant de la devise inscrite au frontispice de nos monuments publics : Liberté, Egalité, Fraternité.

Les moyens à employer devront être de deux sortes, moraux et matériels.

1° Moyens moraux.

Instruction.

Au premier rang des moyens moraux, nous plaçons l'instruction, qui ouvrira à ce peuple l'intelligence à nos idées.

On est déjà entré dans cette voie et de nombreuses

écoles indigènes fonctionnent un peu partout, qui ont été suivies, en 1900, par 24.565 élèves des deux sexes, sans compter les cours d'adultes fréquentés par 4.956 indigènes (1).

Les indigènes ont donc montré de l'empressement pour s'instruire; il faut les maintenir dans ces bonnes dispositions et multiplier ces écoles en dépit des pronostics irréfléchis de leurs détracteurs. Ces derniers, et ils sont nombreux en Algérie, n'ont aucune confiance dans le succès d'une pareille méthode. Ils ont prétendu que les indigènes n'envoient leurs enfants à l'école que dans le secret espoir de leur faire obtenir un emploi civil rémunérateur, espoir qui serait déçu pour la plupart du temps, et qui contribuerait à ne former de tous ces jeunes indigènes, pourvus d'un vernis d'instruction, qu'une masse de mécontents et de déclassés.

Les faits ont démontré l'inanité d'une pareille crainte. Les enfants indigènes, au sortir de l'école, sont rentrés dans leur douar, où ils continuent, aujourd'hui comme auparavant, à vivre leur même existence, avec cette différence qu'ils ont appris notre langue, ont reçu quelques notions de nos méthodes de culture et se sont familiarisés avec notre morale civique et nos institutions.

Nul doute qu'ils n'en conservent l'empreinte et qu'arrivés à l'âge de raison ils ne réagissent contre les préjugés séculaires de leurs parents.

On a prétendu aussi que la conformation de leur crâne leur interdisait toute abstraction. C'est encore une grossière erreur démentie par les faits. Nous voyons tous les jours des indigènes suivre les cours de nos lycées et de nos facultés, et assez nombreux sont ceux

---

(1) Procès-verbaux des délibérations du Conseil supérieur de l'Algérie en 1900.

qui, sans aucune faveur, ont reçu le diplôme de licencié en droit et de docteur en médecine. Nous en connaissons même qui ont affronté avec succès les examens de l'Ecole polytechnique et qui servent aujourd'hui comme officiers d'artillerie sortis dans un bon rang de la grande école.

2° Moyens matériels.

Ils doivent consister à faciliter l'existence de ce peuple qu'il faut enfin, au nom de la justice et de l'humanité, tirer de sa torpeur, en lui donnant les moyens d'améliorer son bien-être par son travail.

Ecoles pratiques professionnelles.

Quelques timides essais d'écoles professionnelles, où on apprenait aux jeunes indigènes à travailler le bois et les métaux, ont déjà été faits, mais n'ont pu résister aux critiques intéressées des Européens qui ont en Algérie le monopole des industries d'art, et redoutent la concurrence de la main-d'œuvre indigène.

Il faut réagir contre cette tendance et multiplier au contraire ces écoles, qui permettront aux ouvriers d'art indigènes de vivre plus largement, tout en fournissant à meilleur compte une main-d'œuvre précieuse qu'exploitent presque exclusivement aujourd'hui les Européens, dont la plupart ne sont pas naturalisés et n'ont pas accompli leur service militaire sous nos drapeaux, comme le feront les indigènes.

Exploitation du sol (fermes-écoles).

Mais, et surtout, ce qu'il faut entreprendre avec le concours des indigènes, c'est l'exploitation du sol vierge depuis des siècles.

Cette exploitation doit se faire, selon nous, au profit des Français qui en seront les directeurs et les moniteurs, avec le concours des indigènes qui en seront les instruments, mais à la condition d'assurer à ces derniers une existence meilleure et l'espoir de devenir à leur tour, par leur travail et leur mérite, les égaux des colons.

N'oublions pas que, sans la main-d'œuvre indigène, aucune exploitation ne serait possible en Algérie.

A cet effet, il convient de jeter un coup d'œil sur la géographie de l'Algérie, qui se divise en trois zones bien distinctes, à peu près parallèles au littoral.

La première, le Tell, qui s'étend du littoral à une ligne fictive passant par Saïda, Boghar et Constantine, est la région fertile, à peu près analogue, au point de vue de la flore et du climat, à celle du littoral méditerranéen de la France. C'est là, aussi, qu'habitent les Kabyles, population sédentaire et agricole.

La deuxième, les Hauts-Plateaux, s'étend du Tell à une ligne fictive passant par Géryville, Laghouat, Biskra et Tébessa. C'est la région des tribus d'Arabes nomades et pasteurs où vivent d'immenses troupeaux de moutons et de chameaux.

Elle est appelée à devenir le grand parc destiné à ravitailler la France en viande de boucherie, si l'on y multiplie les points d'eau, où les bestiaux puissent journellement venir s'abreuver.

La troisième, le Sahara, s'étend au sud des Hauts-Plateaux. Elle n'est pas exploitable, car à part les oasis remplies de palmiers, dont les dattes servent de nourriture aux indigènes et à des échanges avec les tribus du Tell, elle n'est recouverte partout ailleurs que de sable ou de cailloux, et ne peut suffire à ses habitants qui sont obligés, pendant l'été, d'envoyer leurs troupeaux paître sur les Hauts-Plateaux et jusqu'au Tell, où ils viennent s'approvisionner en grains.

Mais elle renferme une race de redoutable guerriers qui, avec la nouvelle organisation du Sud algérien, enrôlés dans nos rangs, sauront y maintenir la tranquillité.

Le Tell et une partie des Hauts-Plateaux comprennent d'immenses territoires incultes sur lesquels pousseraient admirablement les céréales, le tabac, la vigne, l'oranger, le mandarinier, le figuier, l'olivier, l'amandier, le chêne-liège, le frêne et beaucoup d'autres essences.

S'ils ne sont pas cultivés, ce n'est pas la main-d'œuvre qui manque, ce sont les capitaux.

L'exploitation de ces terrains centuplerait la production de l'Algérie, tout en améliorant considérablement l'existence matérielle des indigènes.

Comment pourrait-on le faire sans entraîner des dépenses hors de proportion avec le but à atteindre, et en respectant les droits des tribus et douars qui sont en grande partie propriétaires collectifs de ces territoires?

Sans avoir la prétention de résoudre ce grave problème, nous pensons qu'on pourrait tout concilier, avec le consentement des Djemaàs des douars, dont les délibérations en matière de terrain *arch* sont souveraines, en créant de nombreuses fermes-écoles, à grande exploitation, avec des ateliers outillés pour apprendre aux indigènes les travaux sur bois et sur fer, particulièrement la confection et la réparation des instruments aratoires et le charronnage.

En dehors des Français, qui seraient les directeurs et les moniteurs de ces établissements, les seuls indigènes du douar et de la tribu sur le territoire desquels ils seraient placés seraient chargés de fournir la main-d'œuvre, contre rémunération bien entendu. Ce n'est qu'à défaut de bras qu'on pourrait faire appel aux indigènes des autres tribus.

Si l'Etat, qui est généralement mauvais administrateur au point de vue du rendement, trouvait cette charge trop lourde pour lui, il pourrait la confier, sous son contrôle et à des conditions déterminées, à de grandes compagnies qui exploiteraient le sol, y trouveraient leur bénéfice et, tout en améliorant le sort des indigènes, contribueraient à la fortune publique.

C'est à ce prix seulement que l'Algérie, après avoir été le grenier de Rome, deviendrait le grenier de la France.

Nous sommes de ceux qui ont foi dans l'avenir de l'Algérie. Quelques esprits inquiets, en présence de l'aspect lamentable des montagnes déboisées et de l'absence de toute culture sur d'immenses territoires, croient que ce sol desséché qui a été autrefois si fertile ne recouvrera jamais son ancienne sève et se convertira, comme le Sahara et une partie des Hauts-Plateaux, en un immense désert.

Ce serait peut-être vrai si la main de l'homme, aidée par les progrès de la science, n'intervenait pas.

Mais il en sera tout autrement si on se décide enfin à reboiser les montagnes et à cultiver le sol. Ce sera le moyen le plus sûr de retenir dans ces régions l'eau qui est l'élément le plus précieux.

Déjà, les vieux Algériens ont pu constater combien s'était modifiée la climatologie de ce pays depuis que la culture s'est développée.

Le plus sûr moyen de vivifier ces régions, c'est de les cultiver. Ainsi, l'eau des pluies, au lieu de se perdre sans profit dans la mer ou les lacs intérieurs, sera retenue, s'infiltrera dans le sol. Sous l'influence du so-

leil ardent de l'Algérie, il se produira une évaporation
constante, et des nuages se formeront qui ramèneront
au sol, sous forme de pluie, l'eau qui s'en sera échappée.

**Ce que nous avons fait jusqu'à ce jour pour la colonisation
de l'Algérie en général et pour les indigènes en particulier. Ce qui reste à faire.**

Si, pour la conquête, nous avons dû nous inspirer
des procédés employés par les Turcs, nous n'avons rien
à leur emprunter pour l'administration du pays.

Toute leur politique consistait à maintenir les divisions et les rivalités entre les tribus, afin de mieux
leur imposer leurs volontés et percevoir l'impôt qui était
leur unique souci. Quant à la prospérité du pays et à
sa sécurité, ils n'en avaient cure.

Aussi, lorsque nous avons pris possession du territoire, nous avons trouvé, dans la montagne, les bois
et les forêts qui avaient envahi le sol; le lion et la panthère y disputaient à l'homme le terrain pied à pied.
Dans les plaines, les broussailles et les coupeurs de
route empêchaient toutes relations de s'établir.

Nous avons ouvert de nombreuses voies de communication, créé un réseau de voies ferrées, organisé l'administration du pays et assuré sa sécurité. Nous avons
fondé des centres de colonisation, défriché quelques
parties du sol, exploité les forêts de chênes-lièges et
les mines de phosphate et de calamine qui abondent dans
le Tell et sur les Hauts-Plateaux, enfin développé le
commerce de la colonie et décuplé ses productions, qui
ont permis en 1899 un mouvement d'exportations s'é-
levant à la somme de 346.415.000 francs, et d'importa-
tions montant à 319.847.503 francs.

Parmi les exportations de cette même année, nous

rele ons les chiffres suivants (1), qui donneront une idée des ressources de l'Algérie :

1° 2.372.940 quintaux métriques de céréales (grains et farines) ayant une valeur de 43.802.967 francs.

2° 4.716.043 hectolitres de vin ayant une valeur de 132.054.849 francs.

3° 1.440.030 kilogrammes de tabacs fabriqués ayant une valeur de 13.477.106 francs.

4° 1.043.757 moutons ayant une valeur de 19.389.442 francs.

5° 5.933.766 kilogrammes de laine ayant une valeur de 10.947.798 francs.

6° 3.586.496 kilogrammes de peaux brutes ayant une valeur de 13.009.016 francs.

7° 2.672.815 quintaux métriques de phosphates ayant une valeur de 12.027.667 francs.

Aux indigènes, nous avons assuré la sécurité qu'ils n'avaient jamais connue depuis l'invasion arabe, nous leur avons garanti, par le sénatus-consulte du 22 avril 1863, la possession des terrains dont ils avaient seulement la jouissance, nous les avons préservés des épidémies de variole, qui les décimaient antérieurement, au moyen de la vaccination, nous les recueillons dans nos hôpitaux lorsqu'ils sont malades, nous avons fondé pour eux des écoles, où ils reçoivent l'instruction élémentaire; enfin, et surtout, nous les avons, par la création de sociétés indigènes de prévoyance de secours et de prêts mutuels, préservés de la famine, dont leur imprévoyance était cause.

En outre, par le décret du 28 mars 1902, instituant les tribunaux répressifs indigènes, nous avons simplifié les formalités judiciaires et assuré la répression immédiate et sans appel des crimes et délits, telle qu'elle était appliquée par la législation musulmane et que la comprennent ces populations.

Une des meilleures mesures prises en leur faveur a

---

(1) Procès-verbaux des délibérations du Conseil supérieur de l'Algérie en 1900.

été, sans contredit, l'institution des sociétés indigènes de prévoyance de secours et de prêts mutuels créées par la loi du 13 mars 1893, et qui fonctionnent au nombre de 133 (en 1900), avec un capital de 8.877.864 fr. 73.

On sait, en effet, que l'indigène est imprévoyant, routinier et fataliste. Il ne songe jamais au lendemain. Dans les années de bonne récolte, il vit dans l'abondance sans rien mettre de côté en prévision des mauvais jours; aussi, dans les années de disette, il meurt de faim.

Il possède un troupeau, mais pas de hangar pour l'abriter contre les intempéries. Ses pères n'en ont jamais construit, il fait de même. Il lui suffirait souvent de prendre quelques pieux et quelques branchages dans la forêt voisine pour l'établir, en le recouvrant du chaume de ses champs d'orge et de blé; il n'en fait rien. Il aurait pu conserver quelques graines et de la paille ou du fourrage pour ses bestiaux, mais il a tout vendu.

S'il survient un hiver rigoureux et qu'une épaisse couche de neige couvre le sol, tout son bétail meurt de froid et de faim.

En présence de ce grand malheur, l'indigène s'enveloppe dans son burnous et prononce le mot sacramental : Mektoub « c'était écrit », ce qui ne l'empêchera pas d'agir de même dans la suite.

Il aurait mieux fait, au lieu de s'en rapporter uniquement à la Providence, d'appliquer la maxime « Aide-toi, le ciel t'aidera », de notre grand moraliste La Fontaine, qu'il faudra s'efforcer de lui inculquer.

Ces sociétés indigènes de prévoyance de secours et de prêts mutuels ont déjà rendu de grands services à ces populations. Elles permettent l'ensemencement des terres, lorsqu'après une année où des fléaux comme la grêle et les sauterelles ont détruit les récoltes, les indigènes qui n'ont aucune économie trouvent les secours nécessaires pour vivre et cultiver leurs champs. Avec elles, les grandes famines, comme celle de 1867, ne sont plus à redouter.

Il nous reste encore beaucoup à faire pour tirer de notre belle colonie tout ce qu'elle peut produire. Au premier rang des améliorations à entreprendre, c'est, comme nous l'avons vu, l'exploitation du sol, avec le concours de la main-d'œuvre indigène, l'aménagement et la création de nombreux points d'eau, surtout sur les Hauts-Plateaux, enfin, le développement des voies de communication, et, en particulier, du réseau des chemins de fer, la locomotive étant par excellence le meilleur instrument de colonisation et de domination d'un pays.

CHAPITRE IX

ÉVALUATION APPROXIMATIVE DES DÉPENSES QU'ENTRAINERAIT L'APPLICATION DE LA CONSCRIPTION AUX INDIGÈNES ALGÉRIENS.

Comme nous l'avons dit au chapitre III, il est incontestable qu'on n'augmente pas les forces militaires d'un pays de 30.000 hommes d'armée active et de 120.000 hommes de réserve, sans obérer son budget.

Cependant, comme nous l'avons indiqué au paragraphe 6 du même chapitre, cette dépense sera loin d'être en proportion des résultats obtenus.

En effet, l'utilisation en France et aux colonies de 16.850 hommes laissés disponibles par la nouvelle organisation, la réduira considérablement et elle ne portera plus que sur 13.150 hommes, soit 11.050 tirailleurs et 2.100 spahis.

1˚ Dépense pour la troupe.

Le coût annuel d'un tirailleur étant de 363 fr. 76 et celui d'un spahi de 400 fr. 26 (voir tableau n° 3), la dépense annuelle pour les hommes de troupe s'élevera à :

1° Tirailleurs, 11.050×363 fr. 76.............. 4.019.548 francs.
2° Spahis, 2.100×400 fr.26....................... 840.546 —

Total pour la troupe...... 4.860.094 francs.

Indépendamment de la dépense ci-dessus, il faut prévoir celle résultant de la nouvelle organisation (cadres, masses diverses, chevaux, organisation des bureaux de recrutement).

2° Dépense pour les cadres.

A ce sujet, il convient de remarquer que, si d'une part nous créons cinq nouveaux régiments de tirailleurs à six bataillons et cinq de spahis à six escadrons, nous supprimons ou rendons disponibles, d'autre part, les cadres suivants :

1° *Infanterie.*

3 bataillons de zouaves, ci....................	3	bataillons.
3 bataillons de tirailleurs, ci................	3	—
5 bataillons de la légion étrangère, ci........	5	—
Total..................	11	bataillons.

2° *Cavalerie.*

2 régiments de chasseurs d'Afrique à 5 escadrons, soit 10 escadrons.

En résumé, la dépense des cadres ne portera plus que sur : 5 états-majors de régiment de tirailleurs et $30 - 11 = 19$ bataillons, $5 - 2 = 3$ états-majors de régiment de spahis et $30 - 10 = 20$ escadrons de spahis.

Elle sera de (voir tableaux n°° 4 et 5) :

1° Pour les 5 états-majors de régiment de tirailleurs.	859.805 fr. 60
2° Pour les 19 bataillons de tirailleurs.........	3.788.097 fr. 64
3° Pour les 3 états-majors de régiment de spahis.	229.726 fr. 20
4° Pour les 20 escadrons de spahis...............	1.167.928 fr. 40
Total..................	6.045.557 fr. 84

3º Dépense pour les masses diverses (1).

Cette dépense s'élèvera à (voir tableau nº 6) :

1º Masse d'habillement.	181.599 fr.	»
2º Masse de harnachement et ferrage	150.865 fr.	60
3º Masse de chauffage et d'éclairage	55.738 fr.	44
4º Masse des écoles	15.756 fr.	»
Total	403.959 fr.	04

4º Dépense pour les chevaux.

Les chevaux, y compris la nourriture, coûteront (voir tableau nº 7) :

1º Pour 5 régiments de tirailleurs	91.960 fr.	»
2º Pour 3 régiment de spahis	2.378.800 fr.	»
3º Pour la nourriture	1.518.765 fr.	»
Total	3.989.525 fr.	»

En récapitulant, nous trouvons :

1º Hommes.	4.860.094 fr.	»
2º Cadres.	6.045.557 fr.	84
3º Masses.	403.959 fr.	04
4º Chevaux.	3.989.525 fr.	»
5º Bureaux de recrutement (voir tableau nº 8).	86.849 fr.	80
Total	15.385.985 fr.	68 (2)

Comme nous l'avons dit, cette dépense, qui ne sera atteinte qu'à partir de la troisième année de l'application de la loi, n'est pas au-dessus des moyens d'une grande nation comme la France, surtout quand elle lui donne en retour une armée sans rivale, sauvegarde de l'intégrité de son territoire et de ses intérêts économiques dans le monde.

______

(1) Il n'existe de masse de casernement ni aux tirailleurs ni aux spahis.

(2) Comme nous le faisons observer au tableau nº 7, la dépense pour l'achat des animaux, qui s'élèvera pour la première organisation à 2.378.800 francs, sera considérablement réduite dans la suite, de sorte que la dépense annuelle ne dépassera guère 13.500.000 francs.

CONCLUSION

Le sang généreux versé par notre génération sur la terre d'Afrique ne restera pas infécond si nous savons tirer de ce pays plein d'avenir toutes les ressources qu'il présente, au premier rang desquelles nous plaçons ses admirables soldats.

Avec eux, nous pouvons constituer comme nous l'avons démontré :

1° Une réserve d'élite de plus de 10.000 hommes, appelée à jouer, soit dans les expéditions coloniales, soit en cas de guerre continentale, qu'il faut toujours prévoir, un rôle prépondérant;

2° Une armée de 150.000 soldats incomparables, chargée non seulement de défendre l'Algérie contre toute invasion étrangère, mais encore de fournir de nombreux et solides contingents à la mère-patrie, en cas de guerre européenne.

Le jour où, avec ce merveilleux instrument, nous aurons poussé le railway à travers le Sahara et le Soudan, jusqu'au Niger et au Congo, la France, qui malgré ses malheurs de 1870-1871, n'a cessé de marcher à la tête de la civilisation, fera la loi sur le continent noir, à peine exploré et qui possède des richesses immenses que sauront exploiter les futures générations auxquelles nous aurons ouvert la voie.

Ce sera un éternel titre de gloire pour la troisième République d'avoir organisé un pareil instrument de puissance, apporté à ces populations les bienfaits de la civilisation, amélioré leur bien-être, et, par l'exploitation des richesses du sol de l'Algérie et de l'Afrique centrale et occidentale, développé la prospérité de ces régions et, du même coup, augmenté la fortune publique de la France.

TABLEAUX

___

TABLEAU N° 1.

Ressources militaires indigènes de l'Algérie si l'on appliquait aux indigènes la loi du 15 juillet 1889.

___

1° Population de la France et de la Corse (*non compris les étrangers non naturalisés*), dénombrement de 1901..... 87.924.167 habitants (1).

2° Population indigène de l'Algérie (non compris les territoires du Touat, du Gourara et du Tidikelt, nouvellement annexés) d'après le dénombrement de 1901..................... 4.065.367 habitants (2).

3° Nombre d'inscrits sur les listes de tirage de la classe 1899.
324.334 hommes (3).

4° Rendement de la classe 1899 (y compris les ajournés des années précédentes) :

1° Armée de terre....... 221.210
2° Armée coloniale. ..... 3.682 } .... 230.466 hommes (4).
3° Inscrits maritimes....... 5.574

5° Calcul du nombre d'indigènes qui seraient inscrits annuellement :
$$\frac{324.334 \times 4.065.367}{37.924.167} = \dots\dots\dots\dots 34.767 \text{ hommes.}$$

6° Calcul du rendement du contingent indigène annuel :
$$\frac{230.466 \times 4.065.367}{37.924.167} = \dots\dots\dots\dots 24.705 \text{ hommes.}$$

7° Calcul du nombre d'indigènes susceptibles de porter les armes :

1° 24.705 × 25 = ... 617.625
2° A déduire le déchet de 15 p. 100.................... 92.643

Reste...................... 524.982

Dont { Armée active, 3 classes............... 62.998 hommes.
Réserve (différentes catégories), 22 classes. .... 461.984 —

TOTAL.......... 524.982 —

___

(1) Décret du 31 décembre 1901.

(2) Décret du 28 décembre 1901.

(3) Tableau G du compte rendu sur le recrutement de l'armée pendant l'année 1900.

(4) Compte rendu sur le recrutement de l'armée pendant l'année 1900.

TABLEAU N° 2.

Ressources militaires indigènes de l'Algérie d'après notre projet comportant le service militaire de 18 à 40 ans (soit 22 classes au lieu de 25).

1° Calcul des indigènes susceptibles de porter les armes : .
$24.705 \times 22 =$ 543.510
A déduire le déchet, évalué à 20 p. 100. . . . . 108.702

Reste. 434.808

2° Répartition :
1° Armée active : $19.764 \times 3 =$ 59.292
2° Réserves : $19.764 \times 19 =$ 375.516

TOTAL. 434.808

TABLEAU

Détermination du coût annuel d'un hom[me]

1° *Indemnité représentative de la va[leur]*

1° Valeur de la ration de pain de 750
2° Indemnité en remplacement de viande
3° Indemnité en remplacement de sucre
4° Indemnité en remplacement de légu[mes]

2° Cou[t]

Le loyer d'occupation d'une fourniture des lits militai[res]

Coût annuel d'un homme de

GRADES.	SOLDE JOURNALIÈRE Tirailleurs.	Spahis.	VALEUR DE LA RATION de vivres. Tirailleurs.	Spahis.	1re HAUTE PAYE.	PRIME journalière de la masse d'habillement. Tirailleurs.	Spahis.
	fr. c.	fr. c.	fr. c.		fr. c.	fr. c.	fr. c.
1° *Français*.							
Adjudants	2 90	3 05	0 52		0 30	»	»
Chefs armuriers de 2e classe	2 12	2 12	0 52		0 30	»	»
Sergent-major chef de fanfare	1 80	»	0 52		0 30	0 18	»
Sergents-majors et maréchaux des logis chefs	1 50	1 63	0 52		0 30	0 18	0 26
Sergents, sergents fourriers, maréchaux des logis et maréchaux des logis fourriers	1 20	1 35	0 52		0 30	0 18	0 26
Caporaux fourriers et brigadiers fourriers	0 75	0 95	0 52		0 25	0 18	0 26
Caporaux et brigadiers	0 45	0 55	0 52		0 25	0 18	0 26
Tambours, clairons, trompettes et sapeurs rengagés	0 30	0 35	0 52		0 20	0 18	0 26
Tambours, clairons, trompettes et sapeurs non rengagés	0 30	0 35	0 52		»	0 18	0 26
Soldats et cavaliers de 2e classe rengagés	0 28	0 30	0 52		0 20	0 18	0 26
Soldats et cavaliers de 2e classe non rengagés	0 28	0 30	0 52		»	0 18	0 26
2° *Indigènes rengagés avec prime*.							
Sergents et maréchaux des logis	1 35	1 40	0 52	0 55	0 10	0 18	0 26
Caporaux et brigadiers	0 80	0 85	0 52	0 55	0 10	0 18	0 26
Tambours, clairons et trompettes	0 65	0 70	0 52	0 55	0 10	0 18	0 26
Soldats et cavaliers de 2e classe	0 45	0 50	0 52	0 55	0 10	0 18	0 26

N° 3.

me de troupe de tout grade en Algérie.

leur de la ration journalière de vivres.

grammes.................... 0 fr. 20
(en moyenne).............. 0 25
et café ou vin............. 0 05
mes secs et sel........... 0 02

TOTAL.............. 0 fr. 52

chage.

res est de 0 fr. 505245 par mois, soit de 6 fr. 06 par an.

troupe des différents grades.

TOTAUX PAR JOUR.		TOTAUX PAR AN.		FRAIS annuel de couchage.	PART annuelle de la prime de rengagement.	GRATIFICATION annuelle de rengagement.	INDEMNITÉ annuelle de logement aux s.-officiers mariés logeant en ville.	TOTAL DE LA DÉPENSE annuelle.	
Tirailleurs.	Spahis.	Tirailleurs.	Spahis.					Tirailleurs.	Spahis.
fr. c.	fr. c.	fr. c.	fr. c.	fr. c.	fr. c.	fr. c.	fr. c.	fr. c.	fr. c.
3 72	3 87	1.357 80	1.412 55	6 01	300 »	200 »	180 »	2.043 86	2.098 61
2 94	2 94	1.073 10	1.073 10	6 06	300 »	200 »	180 »	1.759 16	1.759 16
2 80	»	1.022 »	1.022 »	6 06	300 »	200 »	180 »	1.708 06	»
2 50	2 73	912 50	993 45	6 06	300 »	200 »	»	1.418 65	1.502 51
2 20	2 43	803 »	886 95	6 06	300 »	200 »	»	1.309 06	1.393 01
1 70	1 96	620 50	715 40	6 06	100 »	»	»	728 56	821 46
1 40	1 58	511 »	576 50	6 06	100 »	»	»	617 06	682 76
1 20	1 33	438 »	485 45	6 06	100 »	»	»	544 06	591 51
1 »	1 13	365 »	412 45	6 06	»	»	»	371 06	418 51
1 18	1 28	430 70	467 20	6 06	100 »	»	»	536 76	573 26
0 98	1 08	357 70	334 20	6 06	»	»	»	363 76	400 26
2 15	2 31	784 75	843 15	6 06	100 »	»	»	890 81	949 21
1 60	1 76	584 »	642 40	6 06	100 »	»	»	690 06	748 46
1 45	1 61	529 25	587 65	6 06	100 »	»	»	635 31	693 71
1 25	1 42	466 55	518 30	6 06	100 »	»	»	662 31	624 36

TABLEAU N° 4.

Composition d'un régiment de tirailleurs algériens à 6 bataillons et évaluation des dépenses des cadres.

Etat-major du régiment.

1° OFFICIERS FRANÇAIS.

GRADES.	HOMMES.	CHEVAUX.	SOLDE NETTE annuelle.		INDEMNITÉ de monture.		INDEMNITÉ pour frais de service.		INDEMNITÉ pour frais de bureau.		TRAITEMENT ANNUEL par unité.		TOTAL de la DÉPENSE annuelle d'après l'effectif.	
			fr.	c.	fr.	c.	fr.	c.	fr.	c.	fr.	c.	fr.	c.
Colonel............	1	2	8.136	»	540	»	2.232	»	»	»	10.908	»	10.908	»
Lieutenant-colonel..	1	2	6.588	»	540	»	»	»	»	»	7.128	»	7.128	»
Chefs de bataillon...	6	12	5.508	»	540	»	»	»	54	»	6.048	»	(A) 36.504	»
Major.............	1	1	5.508	»	360	»	»	»	450	»	6.318	»	6.318	»
Médecin-major de 1re classe.........	1	2	5.508	»	540	»	»	»	»	»	6.048	»	6.048	»
Capitaines adjudants-majors.....	6	6	(B) 3.996	»	180	»	»	»	»	»	4.176	»	25.056	»
Capitaine trésorier..	1	»	3.996	»	»	»	»	»	(c) 3.103	20	7.099	20	7.099	20
Capitaine d'habillement..........	1	»	3.996	»	»	»	»	»	774	»	4.770	»	4.770	»
Lieutenant adjoint au trésorier......	1	»	(D) 2.700	»	»	»	»	»	»	»	2.700	»	2.700	»
Sous-lieutenant porte-drapeau....	1	»	2.340	»	»	»	»	»	»	»	2.340	»	2.340	»
Médecin-major de 2e classe............	1	2	3.996	»	180	»	»	»	»	»	4.176	»	4.176	»
Médecin aide-major.	1	1	2.700	»	180	»	»	»	»	»	2.880	»	2.880	»
TOTAUX....	22	(L) 28											115.527	20

OBSERVATIONS.

(A) En y comprenant quatre indemnités de frais de bureau pour quatre détachements de bataillon.

(B) Tous les capitaines sont supposés avoir cinq ans de grade.

(C) En admettant deux bataillons réunis à la portion centrale et quatre détachés.

(D) Tous les lieutenants sont supposés être dans la première partie de la liste d'ancienneté.

(L) Dont 9 chevaux à titre gratuit fournis par l'Etat.

TABLEAU N° 4 (Suite).

Etat-major du régiment (Suite).

2° TROUPE (FRANÇAIS).

GRADES.	AFFECTIF.	DÉPENSE ANNUELLE par unité (v. tableau n° 3).		DÉPENSE ANNUELLE d'après l'effectif.		OBSERVATIONS.
		fr.	c.	fr.	c.	
Petit état-major. Adjudants de bataillon.....	6	2.043	86	12.263	16	NOTA. — Dans ces calculs, tous les sous officiers et caporaux sont supposés rengagés; tous les soldats sont supposés non rengagés. En outre, les adjudants, chef armurier et chef de fanfare sont seuls supposés mariés et autorisés à loger en ville.
Sergent-major clairon, chef de fanfare............	1	1.708	06	1.708	06	
Caporaux tambours et clairons	6	617	06	3.702	36	
Caporal sapeur............	1	617	06	617	06	
Soldats sapeurs............	12	371	06	4.452	72	
Clairons-musiciens.........	20	371	06	7.421	20	
Adjudant vaguemestre.........	1	2.043	86	2.043	86	
Chef armurier de 2° classe......	1	1.759	16	1.759	16	
Maître d'escrime (sergent)......	1	1.309	06	1.309	06	
Sergents 1er secrétaire du trésorier...	1	1.309	06	1.309	06	
Garde - magasin d'habillement................	1	1.309	06	1.309	06	
Fourrier	1	1.309	06	1.309	06	
2° secrétaire du trésorier...	1	617	06	617	06	
Secrétaire de l'officier d'habillement	1	617	06	617	06	
Caporaux. Secrétaire de l'officier d'armement..................	1	617	06	617	06	
Moniteur d'escrime.........	1	617	06	617	06	
Chargé des détails de l'infirmerie.................	1	617	06	617	06	
Conducteur des équipages ..	1	617	06	617	06	
1er ouvrier armurier........	1	617	06	617	06	
1er — tailleur.........	1	617	06	617	06	
1er — cordonnier......	1	617	06	617	06	
Secrétaire du colonel.......	1	363	76	363	76	
3° secrétaire du trésorier...	1	363	76	363	76	
2° secrétaire de l'officier d'habillement	1	363	76	363	76	
Soldats. Secrétaire du major.........	1	363	76	363	76	
Ouvriers armuriers.........	6	363	76	2.182	56	
— tailleurs..........	6	363	76	2.182	56	
— cordonniers.......	6	363	76	2.182	56	
Conducteurs de voitures et de mulets de bât.........	6	363	76	2.182	56	
Conducteurs de chevaux de main.................	3	363	76	1.091	28	
TOTAUX........	92			56.033	92	

La dépense annuelle pour l'état-major d'un régiment est de :
1° Officiers................. 115.927 fr. 20
2° Troupe.................. 56.033 fr. 92

Total .... 171.961 fr. 12
Soit pour 5 régiments : 171.961 fr. 12 × 5 = 859.805 fr. 60.

TABLEAU N° 4 (Suite).

Cadres et effectif d'une compagnie de tirailleurs, avec évaluation de la dépense, non compris les tirailleurs indigènes du contingent.

GRADES.	HOMMES.	CHEVAUX.	DÉPENSE annuelle par unité.		DÉPENSE annuelle d'après l'effectif.		OBSERVATIONS.
			fr.	c.	fr.	c.	
1° OFFICIERS.							
Capitaine français...............	1	1	4.176	»	4.176	»	
Lieutenants { français...........	1	»	2.700	»	2.700	»	
Lieutenants { indigène..........	1	»	2.700	»	2.700	»	
Sous- { français...........	1	»	2.340	»	2.340	»	
lieutenants { indigène	1	»	2.340	»	2.340	»	
TOTAUX.....	5	1					
2° TROUPE.							
Adjudant français.............	1	»	2.043	86	2.043	86	
Sergent-major français.	1	»	1.418	65	1.418	65	
Sergent fourrier français.......	1	»	1.369	06	1.309	06	
Sergents { français..........	2	»	1.309	06	2.618	12	
Sergents { indigènes.........	6	»	890	81	5.344	86	
Caporaux { français..........	4	»	617	06	2.468	24	
Caporaux { indigènes.........	12	»	690	06	8.280	72	
Tambours { français..........	1	»	371	06	371	06	
et clairons { indigènes.........	2	»	371	06	742	12	
Tirailleurs français rengagés...	10	»	536	76	5.367	60	
Tirailleurs indigènes rengagés..	10	»	562	31	5.623	10	
Pour mémoire (tirailleurs indigènes non rengagés)..........	200	»	»	»	»	»	
TOTAUX.....	250	»			49.843	39	

Effectif de la compagnie : 5 officiers, 1 cheval, 250 hommes de troupe;

Effectif d'un bataillon : 20 officiers, 4 chevaux, 1.000 hommes de troupe;

Effectif des six bataillons du régiment : 120 officiers, 24 chevaux, 6.000 hommes de troupe;

Effectif du régiment, y compris l'état-major : 142 officiers, 52 chevaux, 6.092 hommes de troupe.

La dépense annuelle pour les cadres des quatre compagnies de chaque bataillon sera de : 49.843 fr. 39 $\times$ 4 = 199.373 fr. 56.

Soit pour 19 bataillons : 199.373 fr. 56 $\times$ 19 = 3.788.097 fr. 64.

TABLEAU Nº 5.

Composition d'un régiment de spahis à 6 escadrons et évaluation des dépenses des cadres.

Etat-major du régiment.

1º OFFICIERS FRANÇAIS.

GRADES.	HOMMES.	CHEVAUX.	SOLDE NETTE annuelle.		INDEMNITÉS de monture.		INDEMNITÉS pour frais de service.		INDEMNITÉS pour frais de bureau.		TRAITEMENT ANNUEL par unité.		TOTAL de la DÉPENSE annuelle d'après l'effectif.	
			fr.	c.	fr.	c.	fr.	c.	fr.	c.	fr.	c.	fr.	c.
Colonel ou lieutenant-colonel chef de corps (A)......	1	3	6.588	»	540	»	1.800	»	»	»	8.928	»	8.928	»
Chefs d'escadrons...	2	4	5.508	»	540	»	»	»	»	»	6.048	»	12.096	»
Major..............	1	2	5.508	»	540	»	»	»	336	»	6.444	»	6.444	»
Capitaines adjudants-majors (B)..	»	»	»	»	»	»	»	»	»	»	»	»	»	»
Capitaine trésorier (c)..............	1	»	3.496	»	»	»	»	»	2.044	80	6.040	80	6.040	80
Officier d'habillement (D)..........	»	»	»	»	»	»	»	»	666	»	666	»	666	»
Lieutenant adjoint au trésorier......	1	»	2.700	»	»	»	»	»	»	»	2.700	»	2.700	»
Médecin-major de 2ᵉ classe...........	1	1	3.996	»	180	»	»	»	»	»	4.176	»	4.176	»
Médecin aide-major.	1	1	2.700	»	180	»	»	»	»	»	2.880	»	2.880	»
Vétérinaire en 1ᵉʳ ..	1	1	3.996	»	180	»	»	»	»	»	4.176	»	4.176	»
— en 2ᵉ...	1	1	2.700	»	180	»	»	»	»	»	2.880	»	2.880	»
Aide-vétérinaire....	1	1	2.340	»	180	»	»	»	»	»	2.520	»	2.520	»
TOTAUX......	11	(E) 14											53.503	80

OBSERVATIONS.

(A) Le décompte est fait en admettant que le chef de corps est du grade de lieutenant-colonel.

(B) Ces emplois, au nombre de deux, sont remplis par des capitaines en second.

(c) En admettant deux escadrons réunis à la portion centrale et quatre escadrons détachés ayant chacun une infirmerie.

(D) Cet emploi est rempli par un capitaine en second.

(E) Dont 5 chevaux à titre gratuit fournis par l'Etat.

TABLEAU N° 5 (Suite).

Etat-major du régiment.

2ᵉ Troupe (Français).

GRADES.	EFFECTIF		DÉPENSE ANNUELLE par unité (voir tableau n° 3).		DÉPENSE ANNUELLE d'après l'effectif.		OBSERVATIONS.
	Hommes.	Chevaux.	fr.	c.	fr.	c.	
Adjudant vaguemestre.........	1	1	2.098	61	2.098	61	Nota. — Dans ces calculs tous les sous-officiers et brigadiers sont supposés rengagés; tous les trompettes et cavaliers sont supposés non rengagés. En outre, l'adjudant vaguemestre et le chef armurier sont seuls supposés mariés et autorisés à loger en ville.
Brigadier trompette............	1	1	682	76	682	76	
Trompettes...................	2	2	418	51	837	02	
Maréchaux ferrants	3	»	400	26	1.200	78	
Chef armurier de 2ᵉ classe......	1	»	1.759	16	1.759	16	
Maréchaux des logis. — 1ᵉʳ secrétaire du trésorier.	1	»	1.393	01	1.393	01	
Maréchaux des logis. — Garde-magasin d'habillement..................	1	»	1.393	01	1.393	01	
Maréchaux des logis. — 1ᵉʳ maître maréchal ferrant..................	1	»	1.393	01	1.393	01	
Brigadier fourrier..............	1	»	821	46	821	46	
Brigadier 2ᵉ secrétaire du trésorier....................	1	»	682	76	682	76	
Cavaliers. — Secrétaire du colonel.....	1	»	400	26	400	26	
Cavaliers. — — du major......	1	»	400	26	400	26	
Cavaliers. — — du trésorier...	1	»	400	26	400	26	
Cavaliers. — — de l'officier d'habillement	1	»	400	26	400	26	
Cavaliers. — Attaché à l'infirmerie des chevaux..................	1	»	400	26	400	26	
Cavaliers. — Ouvriers armuriers	5	»	400	26	2.001	30	
Cavaliers. — Ordonnances des officiers français.................	17	17	400	26	6.804	42	
Totaux............	40	21			23.068	60	

La dépense annuelle pour l'état-major d'un régiment est de :

    1° Officiers................ 53.506 fr. 80

    2° Troupe................ 23.068 fr. 60

       Total........ 76.575 fr. 40

Soit, pour 3 régiments, 76.575 fr. 40 ✕ 3 = 229.726 fr. 20.

TABLEAU N° 5 (SUITE).

Cadres et effectif d'un escadron de spahis, avec évaluation de la dépense, non compris les spahis indigènes du contingent.

GRADES.	EFFECTIF		DÉPENSE AN-NUELLE par unité.		DÉPENSE AN-NUELLE d'après l'effectif.		OBSERVATIONS.
	Hommes.	Chevaux.	fr.	c.	fr.	c.	
1° OFFICIERS.							
Capitaine commandant français.	1	2	4.176	»	4.176	»	
Capitaine en 2° —	1	2	4.176	»	4.176	»	
Lieutenant en 1er —	1	1	2.880	»	2.880	»	
Lieutenant en 2° —	1	1	2.880	»	2.880	»	
Lieutenant en 2° indigène......	1	1	2.880	»	2.880	»	
Sous-lieutenant —	1	1	2.520	»	2.520	»	
TOTAUX............	6	8					
2° TROUPE.							
Maréchal des logis chef français.	1	1	1.502	51	1.502	51	
Maréchaux des logis —	4	4	1 393	01	5.572	04	
Maréchaux des logis indigènes.	4	4	949	21	3.796	84	
Mar. des logis fourrier français.	1	1	1.393	01	1.393	01	
Brigadier fourrier —	1	1	821	46	821	46	
Brigadiers —	8	8	682	76	5.462	08	
Brigadiers indigènes	8	8	748	46	5.987	68	
Cavaliers élèves-brig. français..	2	2	400	26	800	52	
Cavaliers français ordonnances des officiers français.........	4	4	400	26	1.601	04	
Trompettes français.............	4	4	418	51	1.674	04	
Brigadier maître maréchal-ferrant français.................	1	1	682	76	682	76	
Aides maréchaux ferrants français................	3	3	400	26	1.200	78	
Ouvriers { Tailleurs français...	2	1	400	26	800	52	
Bottiers — ...	2	1	400	26	800	52	
Selliers — ...	2	1	400	26	800	52	
Cavaliers français rengagés	5	5	573	26	2.866	30	
Cavaliers indigènes —	5	5	624	36	3.121	80	
(Pour mémoire). — Cavaliers indigènes du contingent......	130	130	»	»	»	»	
TOTAUX............	187	184			58.396	42	

Effectif d'un escadron : 6 officiers, 187 hommes de troupe et 192 chevaux.

Effectif des 6 escadrons du régiment : 36 officiers, 1.122 hommes de troupe et 1.152 chevaux.

Effectif du régiment, y compris l'état-major : 47 officiers, 1.162 hommes de troupe et 1.187 chevaux.

La dépense annuelle pour les 20 escadrons sera de : 58.396 fr. 42 $\times$ 20 = 1.167.928 fr. 40.

TABLEAU N° 6.

MASSES DIVERSES.

1° Masse d'habillement (1). (Décret du 16 novembre 1887 modifié par la circulaire ministérielle du 22 mars 1901.)

I° *Tirailleurs.*

Fonds commun du corps.

1° Prime journalière par homme et par journée de présence, 0 fr. 01; soit, par homme et par an, 3 fr. 65.

L'effectif des hommes de troupe d'un régiment de tirailleurs (voir tableau n° 4) étant de 6.092, desquels il y a lieu de déduire 32 adjudants ou chef armurier qui n'ont pas droit à cette prime, soit 6.060, la dépense annuelle sera de 6.060 × 3,65 = 22.119 fr.

Soit, pour 5 régiments, 22.119 × 5 = ... Fr. 110.595

2° Prime mensuelle, 508 francs.

Soit, par an et par régiment, 508 × 12 = 6.096 fr., et, pour 5 régiments, 6.096 × 5 = ... 30.480

                        TOTAL.......... Fr. 141.075

II° *Spahis.*

Fonds commun du corps.

1° Prime journalière par homme et par journée de présence, 0 fr. 02; soit, par homme et par an, 7 fr. 30.

L'effectif des hommes de troupe d'un régiment de spahis (voir tableau n° 5) étant de 1.162, desquels il faut déduire 2 adjudants ou chef armurier, soit 1.160, la dépense annuelle sera de 1.160 × 7,30 = 8.468 fr.

Soit, pour 3 régiments, 8.468 × 3 = ... Fr. 25.404

2° Prime mensuelle, 420 fr.

Soit, par an, 420 × 12 = 5.040 fr.; et, pour 3 régiments, 5.040 × 3 = ... Fr. 15.120

                        TOTAL.......... Fr. 40.524

La dépense annuelle totale pour la masse d'habillement s'élèvera à 141.075 fr. + 40.524 fr. = 181.599 fr.

---

(1) Il n'est pas tenu compte, dans ces calculs, de la prime journalière des fonds particuliers des compagnies, qui est comprise dans le coût annuel de l'homme de troupe. (Voir tableau n° 3.)

TABLEAU N° 6 (*suite*).

2° Masse de harnachement et ferrage. (Décret du 9 janvier 1896 modifié par ceux du 8 octobre 1899 et du 13 novembre 1899.)

I° *Tirailleurs.*
Fonds commun du corps.

1° Prime journalière par animal et par journée de présence : cheval d'officier, 0 fr. 02 ; cheval de troupe, 0 fr. 01. .

Soit par jour, pour les 52 chevaux d'officiers du régiment (voir tableau n° 4), 1 fr. 04, et, par an, 365 × 1,04 = ... Fr. 379 60

2° Prime mensuelle, 80 fr.

Soit par an, 80 × 12 = ... 960 »

Fonds particuliers des compagnies.

1° Prime journalière par animal et par journée de présence : cheval d'officier, 0 fr. 01 ; cheval de troupe, 0 fr. 06.

Soit par jour, pour les 52 chevaux d'officiers du régiment, 0 fr. 52, et, par an, 365 × 0, 52 = ... 189 80

2° Supplément à la prime journalière en Afrique : cheval d'officier, 0 fr. 01 ; cheval de troupe, 0 fr. 02.

Soit 0 fr. 52 par jour, et, par an, 365 × 0,52 = ... 189 80

TOTAL par régiment . . . . Fr. 1.719 20

Soit, pour 5 régiments, 1.719,20 × 5 = 8.596 fr.

II° *Spahis.*
Fonds commun du corps.

1° Prime journalière par animal et par journée de présence : cheval d'officier, 0 fr. 02 ; cheval de troupe, 0 fr. 012.

Soit, par jour : pour les 62 chevaux d'officiers du régiment (voir tableau n° 5), 1 fr. 24 ; pour les 1.125 chevaux de troupe (même tableau), 13 fr. 50 ; en tout, 14 fr. 74. Et, par an et par régiment, 365 × 14,74 = Fr. 5.380 10

2° Prime mensuelle, 44 fr. ; soit, par an, 44 × 12 = ... 528 »

Fonds particuliers des escadrons.

1° Prime journalière par animal et par journée de présence : cheval d'officier, 0 fr. 01 ; cheval de troupe, 0 fr. 08.

Soit par jour : pour les 62 chevaux d'officiers du régiment, 0 fr. 62 ; pour les 1.125 chevaux de troupe, 90 fr. ; en tout, 90 fr. 62. Et, par an et par régiment, 365 × 90,62 = ... 33.076 30

2° Supplément de la prime journalière en Afrique : cheval d'officier, 0 fr. 01 ; cheval de troupe, 0 fr. 02.

Soit par jour : pour les 62 chevaux d'officiers du régiment, 0 fr. 62 ; pour les 1.125 chevaux de troupe, 22 fr. 50 ; en tout, 23 fr. 12. Et, par an et par régiment, 365 × 23,12 = ... 8.438 80

TOTAL par régiment . . . . Fr. 47.423 20

Soit, pour 3 régiments, 47.423 fr. 20 × 3 = 142.269 fr. 60.

La dépense annuelle totale pour la masse de harnachement et ferrage s'élèvera à 8.596 + 142.269,60 = 150.865 fr. 60.

TABLEAU N° 6 *(suite).*

3° Masse de chauffage et d'éclairage.
(Décret du 15 janvier 1890.)

En raison de la différence de prix du combustible variant chaque année avec chaque place de garnison et de la durée également variable du chauffage d'hiver, la dépense pour cette masse ne peut être évaluée qu'approximativement.

A cet effet, nous avons pris pour base du décompte le montant des allocations faites à ce titre pendant l'année 1901, au 3° régiment de tirailleurs et au 3° régiment de chasseurs d'Afrique. Les corps de nouvelle formation se trouveront dans des situations à peu près identiques sous ce rapport.

D'après ces considérations la dépense annuelle sera de :

1° Pour un régiment de tirailleurs, 7.500 fr. Soit pour 5 régiments.
Fr. 37.500 »

2° Pour un régiment de spahis, 6.079 fr. 48. Soit, pour 3 régiments. . . . . Fr. 18.238 44

TOTAL de la dépense annuelle de chauffage et d'éclairage. . . . . Fr. 55.738 44

4° Masse des écoles. (Décret du 27 novembre 1887, modifié par la décision présidentielle du 22 décembre 1895.)

1° *Tirailleurs.*

Allocation annuelle par régiment, 2.784 fr.
Soit pour 5 régiments. . . : . . . . Fr. 13.920

2° *Spahis.*

Allocation par régiment, 612 fr.
Soit pour 3 régiments. 1.836

TOTAL de la dépense annuelle pour la masse des écoles. Fr. 15.756

TABLEAU N° 7.

I. *Chevaux.*

D'après la nomenclature du service de la remonte, les prix des chevaux de race d'Afrique sont ainsi fixés :

     1° Cheval d'officier. . . . . 760 fr.
     2° Cheval de troupe. . . . . 600 fr.

1° Chevaux pour les régiments de tirailleurs.

	Fournis par l'État.	Propriété des officiers
Chaque état-major de régiment de tirailleurs comporte 28 chevaux d'officier, dont 19 à titre onéreux qui n'entrent en ligne de compte que pour la ration de fourrage, et 9 à titre gratuit, soit, pour les 5 états-majors de régiment.	45	95
Chaque bataillon comporte 4 chevaux d'officier fournis par l'État, soit pour 19 bataillons.		
TOTAUX.	121	95
	216	

La dépense sera de $121 \times 760 = 91.960$ fr.

2° Chevaux pour les régiments de spahis.

	Fournis par l'État.	Propriété des officiers
Chaque état-major de régiment de spahis comporte 14 chevaux d'officier, dont 9 à titre onéreux et 5 à titre gratuit, soit pour les 3 états-majors à créer. . . .	15	27
Chaque escadron de spahis comporte 8 chevaux d'officier et 184 chevaux de troupe, soit pour 20 escadrons à créer :		
1° Chevaux d'officier : $20 \times 8 = 160$, ci...	160	»
TOTAUX des chevaux d'officier	175	27
	202	

2° Chevaux de troupe, $184 \times 20 =$ 3.680
Auxquels il y a lieu d'ajouter 63 chevaux, ci. 63
à raison de 21 par petit état-major.

                               Soit. 3.743

La dépense sera de :
     1° Chevaux d'officiers : $175 \times 760 =$ . . . . *Fr.* . 133.000
     2° Chevaux de troupe : $3.743 \times 600 =$ 2.245.800

                   TOTAL. . . . . *Fr.*   2.378.800

II. *Nourriture des chevaux.*

Le prix de la ration de fourrage, en Algérie, d'après le tarif de remboursement des trop-perçus, est fixé à 1 fr., soit 365 francs par an et par cheval.

Le nombre des chevaux étant de $216 + 202 + 3.743 = 4.161$, la dépense annuelle pour la nourriture sera de $4.161 \times 365 = 1.518.765$ fr.

Le montant total de la dépense pour l'achat des chevaux et la nourriture, sera de $91.960 + 2.378.800 + 1.518.765 = 3.989.525$ fr.

Observations. — Il convient de remarquer que la dépense pour l'achat des animaux n'est applicable que pour la première organisation ; dans les années suivantes, elle sera considérablement réduite et ne dépassera guère 500.000 francs par an pour le remplacement des animaux rayés de l'effectif pour une cause quelconque.

TABLEAU N° 8.

Cadres des dix bureaux de recrutement subdivisionnaires et évaluation de la dépense.

1° *Officiers.*

3 chefs de bataillon à 5.508 fr., soit................ Fr.   16.524   »
10 capitaines supposés après 5 ans de grade à 3.996 fr., soit   39.960   »
Frais de bureau à raison de 1.000 fr. par an et par bureau,
soit...   10.000   »

2° *Troupe.*

10 sergents rengagés à 1.309 fr. 06, soit...............   13.090 60
20 soldats secrétaires non rengagés à raison de 2 par bureau à 363 fr. 76 l'un, soit............................   7.275 20

TOTAL.............Fr.   86.849 80

Constantine, le 10 août 1902.

FIN

TABLE DES MATIÈRES

Paris et Limoges. — Imp. milit. Henri CHARLES-LAVAUZELLE.

9 782016 114186